L'histoire incroyable du Soldat inconnu

Jean-Pascal Soudagne

L'histoire incroyable du Soldat inconnu

écrits

Editions OUEST-FRANCE

© 2008, Édilarge S.A. – Éditions Ouest-France, Rennes.
www.editionsouestfrance.fr

SOMMAIRE

Préambule	9
Introduction	13
Au sujet des « portés disparus »	17
L'impossible deuil des familles	39
Le concept de Soldat inconnu	53
La désignation du Soldat inconnu à Verdun...	79
Les cérémonies parisiennes du 11 novembre 1920	97
De l'inhumation définitive à la Flamme du souvenir	115
Les Soldats inconnus des autres nations	131
En conclusion : le 11 novembre	147
Bibliographie	151
Remerciements	155

PRÉAMBULE

« Afin que souvenir jamais ne meure. »

Pas une année ne s'écoule sans que les conséquences de la Grande Guerre ne se rappellent à notre souvenir : régulièrement des munitions resurgissent d'une terre où elles étaient dissimulées, parfois des ossements reparaissent à l'occasion de la création d'une zone d'activités comme cela s'est produit dans les environs d'Arras. À vrai dire, ce premier conflit mondial ne nous a jamais réellement quittés. Il est tapi dans un coin de notre mémoire et se rappelle à nous, au hasard d'une découverte ou à date fixe, le 11 novembre, pour la commémoration de l'Armistice du 11 novembre 1918. Ces hommes, dont les noms sont gravés dans le marbre des monuments aux morts de nos villes et villages, sont tombés au champ d'honneur pour de multiples raisons : « pour » la France, « pour » la liberté, « pour » la défense de notre civilisation. Autant de raisons évoquées pour donner un sens à une perte, irréparable pour la famille, les proches. L'absence de l'homme appelé sous les drapeaux pour participer à l'effort commun de la défense de la patrie causait une multitude de soucis, de peine, d'angoisses, que seule une lettre pouvait atténuer, soulager, procurant une bouffée d'espoir en des jours meilleurs, en un quotidien moins terne, moins cruel. Bien que... À force de vouloir rassurer leurs familles, les écrits des soldats étaient-ils réellement crédibles ? L'annonce de la perte de l'être aimé apportait son lot de souffrances, de larmes, de douleur difficilement compensable par un discours de glorification de la mort au combat ou de glorification du soldat.

Des voisins, des habitants de la commune revenant qui amputé, qui défiguré laissaient entrevoir les horreurs de cette guerre industrielle, les dégâts qu'elle causait à la dignité de l'être humain. L'imagination ne pouvait alors qu'accentuer le chagrin puis, un peu plus tard, la cruauté des images d'une mort hideuse des combattants, les témoignages des camarades revenus indemnes, au moins physiquement, ne consolaient en rien celles et ceux qui étaient à jamais privés de leurs époux, leurs pères, leurs frères. Bien au contraire. Leur souffrance n'en était qu'accrue car ce qu'ils voyaient, ce qu'ils entendaient allait bien au-delà de ce qu'ils avaient imaginé. Pire encore, le chagrin des vivants ne trouvait d'apaisement par une visite au cimetière du village afin de se recueillir sur une tombe. L'État s'était adjugé non seulement les vies mais également les morts. Pas de corps, pas de dépouilles. Or, toute cette population en deuil éprouvait le besoin de s'approprier « ses » morts, « ses » corps, de démilitariser l'être aimé pour lui offrir une sépulture dans le caveau familial, auprès des siens, là où il devait reposer au terme de sa vie.

L'invention du Soldat inconnu est particulièrement éloquente, révélatrice. Il fallait un corps inhumé dans un endroit établi pour offrir à ceux qui, privés de leurs défunts, pourraient alors y communier. Telle était l'idée. Mais cette dépouille exhumée d'un champ de bataille puis enterrée sous l'Arc de Triomphe, après que son lieu de repos éternel eut fait l'objet d'intenses débats, a rapidement revêtu une autre signification. Elle n'était plus une chair mais un symbole, celui de la vaillance, de l'héroïsme du soldat français vainqueur devant lequel, depuis, on rend les honneurs militaires, chaque année, les 14 Juillet et 11 Novembre.

INTRODUCTION

> « *Supporter la vie reste bien le premier devoir de tous les vivants.* »
> Sigmund Freud

« *À la onzième heure, du onzième jour, du onzième mois* », de la cinquième année de guerre, les armes enfin se sont tues. La Paix tant espérée par tous, réclamée parfois d'une haute et intelligible voix par quelques-uns est enfin arrivée, mieux elle est conclue. Les hommes, du moins les survivants, vont enfin pouvoir regagner leurs foyers, redevenir le mari, le père, le frère qu'ils sont, non pas dans l'esprit, mais dans la réalité. Assumer leurs devoirs auprès de leurs femmes, enfants, sœurs et frères, familles. Un rêve, un idéal de vie pour ces témoins du plus grand massacre, du plus grand bain de sang jamais commis en Europe. Cette guerre, la Grande Guerre comme on l'a nommée sans vouloir relancer la polémique sur l'emploi de cet adjectif qui, n'en déplaise à certains, la qualifie si bien, définit un avant et après. Ceux qui rentrent ont le sentiment d'être différents, ce conflit les a bouleversés, changés physiquement, mentalement. Leurs esprits sont habités de souvenirs, mauvais mais parfois également bons, mais surtout de cauchemars qui mettront un temps infini à s'estomper. Comment ces survivants pourront-ils alors concevoir leur vie ? Cette guerre a-t-elle décuplé l'amour de la vie de ces hommes ? Elle leur a souvent permis de se rendre compte de l'importance d'un être cher, de l'amour qu'ils éprouvent envers celles qui partagent leur existence même si celle-ci est peuplée de tracas tels les aléas des moissons ou l'éprouvant travail en usine. Cette guerre a fondamentalement changé leur façon de percevoir les choses, il ne peut en être autrement. Tous ont vécu une expérience hors du commun qui les a fatalement marqués comme jamais. Preuve en est que, tellement atteints psychologiquement, moralement, il en est qui n'ont jamais pu se réinsérer dans la vie civile, se repliant sur eux-mêmes dans un silence lourd de sous-entendus ou s'enivrant afin d'oublier, d'exorciser les maux qui les meurtrissent. Mais ceux-là étaient vivants. Car, malgré tout, la conséquence première et ultime de ce conflit est bien la mort. Et en mémoire des morts, « *supporter la vie reste bien le premier devoir de tous les vivants* ». Freud ne proposait-il pas de réincorporer la mort à la vie ? « *Rappelons-nous le vieil adage :* Si vis pacem, para bellum. *(Si tu veux maintenir la paix, arme-toi pour la guerre.) Il serait d'actualité de le modifier :* Si vis vitam, para mortem. *(Si tu veux supporter la vie, organise-toi pour la mort).* »

Personne, en 1914, n'est prêt pour subir l'hécatombe qui va frapper les belligérants. Mais au final, en 1918, au niveau mondial on compte près de dix millions de morts dont plus de cinq millions pour les Alliés. La France est dévastée. Le pays est dans un incroyable état. Un champ de ruines, de désolation. Le front qui s'étendait de part et d'autre d'une ligne de 700 km, allant de la mer du Nord à la frontière suisse, est entièrement bouleversé. Les villes et villages sont détruits, les infrastructures sont anéanties. Cependant, à force de courage et de volonté, usines, maisons, églises, édifices peuvent être reconstruits. Mais pour les hommes morts au cours de cette guerre, il n'y a pas de remplacement, de réédification possible, seul demeure le vide laissé et, comme l'a souligné Freud, le « *total effondrement quand la mort a frappé un de nos proches, parent ou époux, frère ou sœur [...]. Nous enterrons avec lui nos espoirs, nos exigences, nos jouissances* ».

La France, au lendemain de la Grande Guerre, est blessée, meurtrie. Tout est à rebâtir. La liesse qui a suivi la Victoire est vite oubliée. La France panse ses plaies et surtout pleure ses morts, ses enfants qui ont donné leur vie. Les épouses, les mères, les sœurs se sentent privées de celui ou de ceux qu'elles chérissaient. Les enfants sont orphelins d'un père. Les anciens combattants, qui peinent à se réintégrer à la vie civile, sont privés de frères d'armes. Tous se cherchent un symbole, un lieu où ils pourraient se recueillir en souvenir d'un être que la guerre leur a enlevé. Tous n'ont pas une tombe, un lieu où se recueillir, certains ne sauront jamais où est tombé celui – ou ceux – qu'ils aimaient. Pas étonnant que cette France se cherche un symbole. Le Soldat inconnu sera celui-là. Mais avant que les chefs d'État étrangers en visite officielle dans notre capitale ne rendent hommage au Soldat inconnu, avant que le président de la République française ne vienne déposer une gerbe au pied de l'Arc de Triomphe, que de chemin à parcourir pour parvenir à cette fin ! Ces clichés sont pour nous d'une telle banalité, coutumiers de les voir au journal télévisé à l'occasion de la commémoration du 14 Juillet, de l'Armistice…

Comment imaginer que cette tombe ait fait couler tant d'encre, ait été l'objet de débats passionnés, houleux, d'une campagne de presse ? Peut-on croire que ce Soldat inconnu a reposé trois ans durant sous une dalle de pierre avant qu'une flamme ne vienne indiquer sa présence ? Non. Ce lieu on ne peut l'imaginer que comme on le connaît, avec cette flamme sortant d'un canon braqué vers le ciel, encastré sous la rosace tel un bouclier renversé dont la surface est constituée par des épées.

Ce symbole des soldats tombés pour la France, cette personnification de l'abnégation, du courage et du dévouement, ce représentant des combattants français inconnus demeurera peut-être l'unique gardien de la mémoire de ce premier conflit mondial, la Grande Guerre. L'Union d'associations « La Flamme sous l'Arc de Triomphe », ou comité « La Flamme », fondée en novembre 1923, regroupant plus de sept cents associations d'anciens combattants, veillera à ce que le Soldat inconnu ne sombre pas dans l'oubli. Elle dont la mission est de raviver chaque jour, au crépuscule, à 18 h 30, la flamme sur la tombe du Soldat inconnu et d'entretenir sa mémoire.

AU SUJET DES « PORTÉS DISPARUS »

> « *Le canon conquiert, l'infanterie occupe [...] Un minimum d'infanterie, un maximum d'artillerie [...]. Car le feu tue.* »
>
> Maréchal Pétain

L'apogée de l'artillerie

Alors qu'au XIXe siècle, la mort des soldats sur le champ de bataille est principalement due aux balles, la Grande Guerre modifie les conditions de décès des combattants. Si le fusil continue de tuer, les mitrailleuses et surtout l'artillerie causent des pertes énormes dans les rangs des soldats. Durant les quatre années de ce conflit et en dépit de l'apparition des chars et des gaz notamment, ces deux armes dominent le champ de bataille.

La mitrailleuse, arme caractéristique de la guerre industrielle, est une machine d'une terrifiante et effroyable efficacité. Sa cadence de tir, en moyenne de 400 à 600 coups à la minute, en fait une arme redoutée et particulièrement meurtrière. Son bruit est caractéristique et, lors d'une attaque, immédiatement reconnaissable par les soldats qui, en l'entendant, savent pertinemment qu'ils marchent vers une mort quasi certaine. Cette « machine à tuer » mise en position face à une attaque qui se déclenche interdit toute progression du no man's land et peut annihiler une vague d'assaut. Preuve en a été donnée notamment le 1er juillet 1916 à l'occasion de la bataille de la Somme où les vagues d'assaut britanniques ont été brisées avant d'avoir pu atteindre les premières lignes ennemies.

Mais malgré l'importance prise par la mitrailleuse, en particulier dans la guerre défensive, l'artillerie atteint son apogée au cours de la Grande Guerre, se révélant être l'arme essentielle de ces années de conflit. Ce n'est pas une surprise en soi tant cette arme a subi, lors du dernier tiers du XIXe siècle, de considérables évolutions : apparition du canon en acier, du tube rayé, des freins hydrauliques, développement de nouvelles munitions. Au commencement du conflit, l'artillerie française est essentiellement équipée de canons de campagne conçus pour soutenir les fantassins dans une guerre de mouvement. Mais rapidement, dès la destruction des forts belges de Liège et de Namur, meilleure preuve ne peut être donnée par l'artillerie lourde sur le rôle important qu'elle peut tenir. Puis le début de la guerre de positions achève de convaincre les sceptiques : une artillerie lourde puissante est nécessaire pour détruire les abris fortifiés profondément construits dans le sol, pour anéantir les tranchées et les hommes qui les occupent, mais aussi pour procéder au bombardement des positions arrière de l'ennemi. Dans une guerre résolument défensive à partir du mois de novembre 1914, l'artillerie lourde prend la place de l'artillerie de campagne symbolisée par le canon de 75 français, léger et mobile, mais bien incapable de perforer des positions très fortifiées ou enterrées dans le sol.

Passé la grave crise d'approvisionnement en munitions qui frappe la Russie à la fin de l'été 1914 puis la France et la Grande-Bretagne en automne, on assiste à une croissance du nombre de pièces sur le front et par conséquent du nombre de coups tirés. Ainsi, en 1914, la France possède peu d'artillerie lourde (308 canons) mais, en 1918, compte 5 128 pièces. Cette arme prend une importance considérable dans l'organisation des opérations. Lors du bombardement allié qui précède sept jours durant l'offensive du 1er juillet dans la Somme, 1 500 000 obus sont tirés en direction des positions adverses, soit un ratio d'une trentaine d'impacts pour 1 000 m². En 1918, les attaques alliées sur les fronts italiens ou français sont appuyées par 5 à 8 000 pièces d'artillerie. La part prise par cette arme est considérable. Si l'artillerie lourde, la plus puissante soit-elle, est incapable de réduire à néant des abris creusés très profondément, comme dans la Somme en 1916 ou sur le Chemin des Dames en 1917, elle n'est pas sans conséquence sur les soldats, tant au niveau physique que psychique.

Les obus ont infligé 70 à 80 % des blessures de la Première Guerre mondiale. Ce chiffre met bien en évidence le rôle tenu par l'artillerie au cours du conflit et démontre l'évolution des techniques de guerre. Alors que la mort des combattants au XIXe siècle est essentiellement due aux balles, la mortalité de ceux-ci est, au cours de la Grande Guerre, causée par l'importante utilisation du canon. Une balle de fusil blesse ou tue un homme, alors qu'un obus peut priver une troupe de plusieurs de ses hommes à la fois. À l'endroit de l'impact de l'obus, les corps des soldats disparaissent littéralement, pulvérisés. Dans le périmètre de la chute d'un obus, les très nombreux éclats produits par l'explosion peuvent lacérer n'importe quelle partie du corps humain, sectionner les membres, détruire les visages.

Cette déshumanisation des corps sur les champs de bataille rend compte de cette brutalité nouvelle. En effet, jamais auparavant les médecins n'ont observé de telles détériorations, de telles violences sur un champ de bataille. L'obus qui explose en touchant le sol puis en projetant ses débris d'acier blesse ou tue nombre de soldats, lesquels peuvent encore être touchés, mortellement ou pas, par des branches d'arbres, des morceaux d'abris qui s'effondrent, conséquence de l'explosion.

En 1930, Gabriel Chevalier a décrit l'impression produite sur les hommes par un bombardement : « *Les obus [...] nous assaillirent à coups pressés, bien réglés sur nous, ne tombant pas à plus de cinquante mètres. Parfois, si près qu'ils nous recouvraient de terre et que nous respirions leur fumée [...] Je vis mes camarades pâles, les yeux fous, se bousculer et s'amonceler pour ne pas être frappés seuls, secoués comme des pantins par les sursauts de la peur, étreignant le sol et s'y enfouissant le visage. [...] Nos nerfs se contractaient avec des brûlures d'entrailles et plus d'un se crut blessé et ressentit, jusqu'au cœur, la déchirure terrible que sa chair imaginait à force de la redouter.* » Suite à ces pilonnages d'artillerie, un nombre indéterminé de combattants a souffert de troubles obsessionnels nommés *shell-shock*, *choc commotionnel* ou bien encore *Kriegshysterie*. Ces états sont alors soignés de différentes manières, soit en prescrivant du repos et du silence, soit de manière plus radicale par un traitement aux électrochocs. Ces déficiences des hommes sont difficilement compréhensibles pour les autorités militaires. Comment expliquer que des hommes qui ont fait preuve de bravoure au cours de combats puissent sombrer psychologiquement dans une situation de bombardement d'artillerie, même prolongée ? Et pourtant de tels états s'ils ont été constatés chez des soldats exposés aux tirs d'artillerie l'ont été également auprès de combattants se trouvant loin de la ligne de front…

En France, la Grande Guerre a causé la perte de 1 357 000 à 1 375 800 hommes, selon les différentes sources disponibles. Dans le terme *Pertes*, il faut englober les morts et les disparus sans distinction avec une forte proportion de ces derniers. Parmi les disparus, on compte deux sortes de cas : les temporaires et ceux dont on n'a pas retrouvé la dépouille.

Les temporaires représentent un assez faible pourcentage de disparus. Ils ont été faits prisonniers lors d'un coup de main en vue de subir un interrogatoire, afin que l'ennemi puisse obtenir des informations pour préparer une attaque ou pour connaître les intentions de son adversaire. Ils ont pu également être capturés lors d'une opération visant à emporter une position. Dans ce cas, ils se déséquipent avant que les tranchées ne soient « nettoyées » pour bien signifier qu'ils ne combattent plus, gagnant parfois, de leur propre initiative, l'arrière. Enfin il est à ne pas oublier comme autre cas de disparu temporaire, le soldat qui se retrouve amnésique après avoir subi pendant des heures, voire des jours, un intense bombardement d'artillerie. Ces temporaires sont en majorité retrouvés par le biais de la Croix-Rouge notamment.

Les disparus dont on n'a pas retrouvé le corps soit lors de la guerre de mouvement, soit au cours d'un bombardement d'artillerie représentent un fort pourcentage dans le décompte final. La guerre de mouvement englobant la première bataille de la Marne est une suite d'affrontements violents de courte durée où, après le combat, les unités, dans l'obligation de se replier faute de combattants ou face à la supériorité adverse, laissent leurs morts et même fréquemment leurs blessés sur le champ de bataille. La gestion de ceux-ci échoit alors aux habitants des régions, comme par exemple lors de la première bataille de la Marne, voire à l'ennemi comme pour la bataille de Guise.

Au cours de la guerre de positions (fin 1914-mars 1918), morts et blessés sont abandonnés sur le terrain, notamment au cours des grandes offensives comme les batailles d'Artois et de Champagne (1915) dont l'objectif est de percer les lignes ennemies. Finalement, elles ne conduisent qu'au « *grignotage* », cher à Joffre, mais sont surtout onéreuses en vies humaines ne procurant qu'un gain très limité de terrain, parfois de quelques mètres seulement, loin de cette percée dans les lignes ennemies, souhaitée par le généralissime. Nombreux sont alors les morts, abandonnés sur le terrain, sur le champ de bataille. Ces cadavres impossibles à récupérer sont laissés à l'abandon. Allongés dans le no man's land, accrochés, suspendus aux barbelés, aux « *fils à sécher le linge* » comme les nomment les poilus, ils se décomposent alors. De leur tranchée, les soldats voient les dépouilles de leurs camarades se putréfier. À cette vue, dont ils finissent par s'accommoder bon gré mal gré, s'ajoute une odeur pestilentielle de ces corps en décomposition. Parfois, un tir d'artillerie s'abat sur ces macchabées, broyant ces pauvres corps inertes, les réduisant en charpie, en bouillie humaine et dispersant ces restes sur le terrain, ce qui compliquera la tâche, déjà ardue, d'une future identification précédant l'inhumation. « *Il y avait toujours quelques poilus en train de considérer cette prairie maudite tellement l'abandon des morts était dégueulasse à voir ainsi, pourrissant en plein air, dans cette étendue verte, lavés, délavés par les pluies d'automne et se ratatinant tous les jours davantage*[1]. »

Porter assistance aux combattants tombés lors d'une attaque et qui gisent, à l'agonie dans l'attente

---

1. Blaise Cendrars, *J'ai tué*, in *À l'aventure*, Denoël, 1958.

hypothétique de secours, est souvent bien impossible. Ces blessés, qui hurlent leur douleur comme pour mieux exorciser leur peur, finissent par mourir dans d'atroces souffrances à moins qu'un de leurs camarades, exaspéré de les entendre crier, ne se hisse, à la nuit tombée, hors de la tranchée pour leur venir en aide. Dans un tel contexte, récupérer les corps, les restes des camarades tombés au champ d'honneur est tout simplement impensable à moins que l'offensive n'ait permis un gain de terrain. Dans ce cas, les régiments y ayant participé se trouvent, bien souvent, fortement décimés par les pertes subies et sont, en général, relevés par des troupes « fraîches ». Des territoriaux ramassent alors sur le champ de bataille les corps de ces braves qui leur sont fréquemment inconnus, alors que si leurs camarades de la vague d'assaut avaient procédé à cette triste besogne le travail d'identification en aurait été facilité, réduisant le taux de soldats disparus. Viennent alors les inhumations. Massives et hâtives. La « *corvée des morts* », pénible, démoralisante, repoussante, s'effectue bien souvent en négligeant les règles élémentaires qui permettent une possible identification des corps.

L'IDENTIFICATION DES MORTS

Elle est possible par le truchement d'effets, d'habillement et d'équipement, immatriculés, mais si ce moyen se révèle assez efficace au début du conflit, il est très rapidement obsolète. L'arrivée des renforts ne permet pas de continuer à « personnaliser » les effets distribués aux soldats. D'autre part, en raison des pénuries qui frappent les combattants sur le front au début de l'hiver 1914-1915, des effets sont parfois pris sur les morts et équipent les vivants. L'efficacité du système est alors rendue plus qu'aléatoire...

La plaque d'identité est un autre moyen qui permet l'identification des morts. Apparue vers 1881, elle est le plus souvent portée au poignet gauche et non au cou. Sur cette plaque en maillechort figurent d'un côté nom et prénom du soldat ainsi que son année de classe de recrutement, autrement sa classe de mobilisation et, de l'autre côté, la ville du centre mobilisateur et le numéro de conscription. Enlever cette plaque est bien sûr une erreur que de nombreux combattants ont commise pour de multiples raisons. « [...] *le cordonnet, trop fragile, se cassait facilement [...]. D'autre part, ce cordon porté directement sur la peau ne tardait pas à se souiller et devenait, dès lors, un foyer d'élection des parasites [...]. Les hommes, obligés de retirer leur plaque pour procéder à leur toilette, oubliaient de la remettre [...]*[1]. » Délivrée en un seul exemplaire, cette plaque est ôtée du corps du défunt et, si celui-ci n'est pas immédiatement récupéré et inhumé, il est sûr de retomber dans l'anonymat et de grossir le nombre des morts sans identité, donc inconnus. Une double plaque préconisée par le ministère de la Guerre équipe les nouvelles recrues à partir de 1916. Une moitié de la plaque est ramassée tandis que l'autre, permettant l'identification du mort, reste sur le corps de la victime. Mais peu enclins à porter la première plaque, les soldats ne le seront pas plus par une double. Un troisième modèle est mis en service en 1917. Conçu par le médecin aide-major de première classe de réserve Bosredon, ce modèle à segments sécables (termes officiels), adopté par l'armée française en

---

1. Firmin Villanneau, *Des actes relatifs aux décès des militaires en campagne. Appréciation sur le fonctionnement du service de l'état civil à l'avant, en temps de guerre*, Imprimerie de l'Est, 1927.

mai 1918, n'a pas été distribué ni porté avant l'Armistice du 11 novembre 1918.

L'identification des hommes tués au combat, outre par les effets ou leurs équipements, s'effectue selon des critères bien précis. Il est impératif de se plier à des règles, une marche à suivre établie notamment dans l'*Instruction pratique concernant la constatation aux armées des évacuations, disparitions, décès et inhumations*, en date du 2 juin 1916[1]. En guise de préambule, il est spécifié que « *l'identification des hommes évacués, disparus ou tués, le repérage des sépultures provisoires sur les lieux de combat, etc., pouvant entraîner d'inextricables difficultés si elles ne sont faites rigoureusement, la présente instruction, complétant les précédentes sur la matière, formule un certain nombre de règles pratiques, dont les officiers à qui incombent ces diverses opérations doivent s'inspirer strictement durant l'accompagnement de leur mission.*

Il leur est rappelé que le défaut ou l'inexactitude des renseignements qu'ils ont à recueillir et à transmettre peuvent avoir de graves conséquences, soit par les mesures administratives qu'ils provoquent, soit par les informations erronées, insuffisantes qui en découlent pour les familles ».

Le but de cette *Instruction* ainsi rappelé, un premier chapitre traite de l'« *Établissement des pièces* », avec un premier paragraphe consacré à l'« *État des pertes* » où il est demandé expressément un état des pertes après un événement ayant engendré la mort de soldats : « *Aux termes de l'Instruction du 20 février 1900 sur le Service des États-Majors […], des états modèles n° 5 doivent être fournis par chaque corps ou*

---

1. Ministère de la Guerre, *Instruction pratique du 2 juin 1916 concernant la constatation aux armées des évacuations, disparitions, décès et inhumations*, Paris, Imprimerie nationale, 1916.

service à l'issue de tout événement ayant occasionné des pertes dans les effectifs dudit corps ou service.

Ces états doivent être envoyés directement par les corps au Ministre [Service général des Pensions, Bureau des Renseignements aux familles] ;

Il est très important, pour l'attribution qui en est faite ultérieurement, qu'ils soient dressés sur des feuilles séparées pour chaque catégorie de pertes : blessés, disparus ou tués. Cette distinction est réglementaire et doit être maintenue. » S'il apparaît légitime que les états soient adressés sur des formulaires spécifiques, séparés pour en faciliter ensuite leur traitement, la dernière phrase avec les termes *réglementaire* et *maintenue* laisse à penser que ce rappel à l'ordre est rendu nécessaire en raison d'une réalité bien différente. Après avoir combattu, les officiers – quand il en restait – devaient se pencher sur ce qui représentait pour eux une véritable corvée administrative, nécessaire certes, mais pour laquelle ils éprouvaient, dans l'ensemble, une certaine aversion. Quatre critères importants devaient être spécifiés. Selon l'*Instruction*, « *des états bien établis indiquent :*

a) Les noms et prénoms de tous les blessés, disparus, tués ;

b) Leur état militaire (grade, dépôt d'origine, classe, recrutement, matricules au corps et au recrutement) ;

c) La date et le lieu des blessures, disparitions ou décès (la date étant désignée par les jour, mois, an ; le lieu par le nom de la commune, précisé par l'appellation géographique, cote ou nom, portée sur la carte d'État-Major) ;

d) Autant que possible, les noms des militaires affirmant avoir vu leurs camarades morts ou blessés, ou avoir constaté leur disparition. Cette dernière indication facilite la tâche des officiers chargés de dresser les actes de décès ou de disparition, ou les procès-verbaux de décès ».

Un travail fastidieux qui réclame de nombreuses informations, dans des moments peu opportuns pour se consacrer à ce genre de collecte. Si ces « *états doivent être établis et expédiés le plus tôt possible après l'événement, il est prudent, toutefois, de ne les arrêter qu'après un certain délai (deux ou trois jours), pendant lequel les hommes simplement égarés ou légèrement blessés rejoignent d'ordinaire leur formation.*

L'intérêt qui s'attache à l'envoi des états de pertes est considérable : ce sont les pièces par lesquelles le Ministre connaît pour la première fois, administrativement, les disparus et les morts ». D'où la nécessité que les informations soient les plus complètes et fiables possibles afin de dresser un premier bilan des pertes occasionnées par une opération ou un coup de main.

Ces états ne sont qu'une étape dans cette chaîne administrative des armées. L'acte de décès en est une autre. Pour être légalement établi et donc être valable au regard de la loi, il doit satisfaire à certaines conditions « *résumées par les règles pratiques ci-après :*

a) L'acte doit être établi par un officier de l'état civil ;

Il peut l'être :

1° Par tous les officiers énumérés dans l'article 93 du Code civil ;

2° Par le maire de la commune ou son remplaçant légal (adjoint, puis conseillers municipaux dans l'ordre du tableau).

Il ne peut l'être par aucune autre autorité ;

b) L'acte doit être établi par l'officier d'état civil compétent.

L'officier désigné, conformément à l'article 93 du Code civil, pour être officier de l'état civil d'un corps, service ou formation, est compétent pour dresser l'acte de décès de tout militaire décédé, soit apparte-

nant à sa formation, soit mort dans le secteur attribué à sa formation.

De même le maire de la commune (ou son remplaçant légal) est compétent pour les décès survenus sur le territoire de cette commune [...] ».

L'acte de décès doit être établi si deux conditions exposées aux alinéas c) et d) de l'*Instruction* sont remplies. Quelles sont-elles ? Si le premier alinéa concerne l'établissement d'un acte à l'occasion d'un décès, le second est en revanche plus instructif :

« *d) L'acte doit être établi sur le témoignage de deux personnes ayant connu le décédé et constaté le décès.*

La condition imposée par la loi pour l'établissement d'un acte de décès valable est qu'il y ait certitude sur l'identité du défunt, c'est-à-dire certitude que l'individu porté dans l'acte comme décédé est bien celui dont l'acte énumère les noms et qualités.

L'acte est parfait à cet égard quand l'officier d'état civil et les deux témoins, ayant tous connu le décédé, sont à même d'affirmer son identité.

Mais il se rencontre que généralement l'officier ne connaît pas le décédé. Lorsque deux personnes, dignes de foi, ont connu le décédé et le décès, l'officier de l'état civil doit se considérer comme se trouvant dans les conditions légales pour la réunion des témoins et en mesure, par suite, d'établir un acte valable.

Il peut se considérer dans les conditions légales lorsque le défunt s'est nommé, ou, d'une manière générale, lorsque l'identité affirmée par deux témoins résulte d'une manière certaine des circonstances du décès.

Si l'identité reste douteuse malgré tous les efforts tentés pour la déterminer, l'officier d'état civil se borne à dresser un procès-verbal de constatation. » Il y a donc lieu d'établir un procès-verbal lorsque l'acte de décès, qui légalement fait foi de la mort, ne peut être établi. De plus, il est indispensable de conserver des indications recueillies sur la mort d'un individu, en vue, par la suite, de faire déclarer son décès par les tribunaux et le procès-verbal contribue à cette tâche. Il y a, selon l'*Instruction*, deux sortes de procès-verbaux :

« *a) Procès-verbaux de déclaration de décès.*

Ce procès-verbal est établi quand un seul des témoins prévus par la loi se présente [...]. D'autres personnes peuvent se présenter en même temps pour affirmer certaines circonstances du décès : leur déclaration est alors consignée au procès-verbal.

Cette pièce est établie dans les mêmes formes que le serait l'acte de décès. Elle est inscrite sur le registre spécial des procès-verbaux de déclaration de décès, jamais sur le registre des actes de décès ;

Les procès-verbaux de déclaration de décès donnent lieu à envoi mensuel d'expéditions et de comptes rendus dans les mêmes conditions que les actes de décès.

b) Procès-verbaux de constatation de décès.

Cette pièce présente une très réelle importance. Dans un grand nombre de cas, des officiers d'état civil ne sont en mesure, même en présence du corps d'un militaire, d'établir ni un acte de décès, ni un procès-verbal de déclaration de décès.

C'est ce qui arrive lorsque personne ne peut affirmer connaître le décédé, et notamment au cours des inhumations faites sur les lieux de combat, lorsque les unités qui ont participé à l'action se sont déplacées.

Il est nécessaire que ces procès-verbaux portent, de la façon la plus complète et la plus précise, toutes les indications de nature à préparer une identification ultérieure du décédé. » Ces procès-verbaux font état d'indices, voire de renseignements, permettant de présumer de l'identité du corps, comme des pièces ou objets trouvés dans les poches des vêtements ou dans les affaires du défunt. S'il y a un doute sur l'identité du cadavre, toutes indications destinées à le faire disparaître ultérieurement tels la mensuration, la description du corps, les effets, les numéros des armes… sont également portées sur le procès-verbal. Dans tous les cas, l'endroit exact où la dépouille a été découverte y est obligatoirement consignée. Sur le procès-verbal sont également notées d'autres informations comme la date de constatation du décès, l'indication du lieu d'inhumation et, si possible, y figurent également les dates et causes de la mort.

Lorsque des cadavres sont retrouvés groupés et qu'aucun moyen d'identification n'a pu être utilisé, un procès-verbal collectif de constatation de décès est dressé. Il indique :
– L'ordre en vertu duquel un officier opère ;
– Le nombre de cadavres inhumés ;
– Les causes de non-identification ;
– L'endroit précis où les corps ont été retrouvés ;
– Le lieu d'inhumation ;
– Les indicaitons relatives à la nationalité des individus retrouvés, aux unités auxquelles ils appartiennent, aux circonstances de leur mort ;
– La description la plus complète possible de chacun des corps.

Chaque procès-verbal de constatation de décès concernant un militaire français, un soldat allié identifié ou non, doit être adressé au ministre le plus rapidement possible.

Les actes de disparition sont impérativement établis pour tout combattant manquant à son unité. Ainsi « *les officiers de l'état civil de chaque corps, service ou formation doivent s'attacher à réunir le plus tôt possible, après chaque affaire, les indications concernant tout militaire porté comme disparu sur un état de pertes ; ils doivent agir de même pour les militaires qui, après avoir été considérés comme blessés, leur sont signalés ensuite par les dépôts comme n'étant pas entrés dans une formation sanitaire.*

L'acte de disparition n'est pas, en règle générale, établi immédiatement après la disparition : l'officier chargé de le dresser ne procède à sa rédaction que lorsque l'enquête poursuivie par ses soins n'a pas permis de déterminer le sort de l'intéressé.

L'établissement d'un acte de disparition ne fait pas obstacle à la rédaction ultérieure d'un acte de décès pour le même individu, lorsque les deux témoins légaux se présentent par la suite et affirment que le militaire porté disparu a, en réalité, succombé ».

– L'acte de disparition, établi en brevet[1], qui est adressé au ministre, doit relater :

– L'état du disparu ;

– Sa filiation ;

– Le lieu de la disparition avec le plus d'indications précises possible ;

– La date et les circonstances de la disparition ;

– Les hypothèses de décès ou de captivité ;

– Les raisons pour lesquelles un acte ou un procès-verbal de décès n'a pu être dressé.

Les inhumations

« *La relève et l'inhumation des morts laissés sur le terrain du combat doivent être enregistrées avec le plus grand soin par les autorités à qui incombe cette mission.*

Les indications que ces autorités portent sur les pièces qu'elles ont à dresser sont souvent les seules qui permettent d'établir légalement par la suite le décès ou d'assurer l'identification exacte des sépultures militaires dans la zone des armées. » Voici les quelques lignes figurant dans le manuel du minis-

---

1. C'est-à-dire qu'il ne figure dans aucun registre.

tère de la Guerre, *Instruction pratique du 2 juin 1916 concernant la constatation aux armées des évacuations, disparitions, décès et inhumations*, dans le premier paragraphe du chapitre 3 consacré aux « *Constatations des inhumations sur les lieux de combat* ». La réalité est en pratique bien différente notamment au début du conflit.

Lorsque la guerre est déclarée en août 1914, le règlement du service de santé militaire applicable à l'ensevelissement des morts – en date de 1894 – traduit à la fois le souci d'identification des disparus et le maintien des inhumations collectives. Si la tombe militaire individuelle fait son apparition dès l'Antiquité, il semble qu'elle soit réservée aux héros et aux chefs jusqu'au XIXe siècle tandis que les fosses communes sont le lieu de sépulture traditionnel réservé à la troupe. Mais les belligérants, tant les Français que les Allemands, ont considérablement sous-estimé les pertes humaines, rendant ainsi totalement inopérante l'application à la réglementation de 1894. Dès août 1914, plusieurs milliers de corps français sont laissés à l'abandon sur les champs de bataille de Lorraine, de Belgique par les armées en retraite. Ce sont donc les Allemands et les populations civiles réquisitionnées qui procèdent, en général à la hâte, à leur inhumation dans des fosses communes. Il en résulte que la majorité des identités disparaît, ce qui explique le nombre d'inconnus enterrés en ossuaire sur ces lieux de bataille. Lors de la stabilisation du front, à la fin de l'année 1914, les tranchées ressemblent fréquemment à des charniers où les corps sont souvent abandonnés lors de la perte de celles-ci ou de leur bombardement. Cela ne signifie aucunement que les dépouilles ne sont pas enterrées, elles le sont mais trop près des tranchées. Par conséquent, un bombardement ennemi, labourant les abords immédiats des tranchées, peut faire remonter en surface ces cadavres, les « exhumer » de leur lieu de sépulture. Le commandement français est donc dans l'obligation de prendre des mesures. Un bureau et un service sont créés, puis des directives pour l'inhumation des soldats sont publiées. En 1915, une circulaire de Joffre impose la tombe individuelle de préférence à la fosse commune, ce qui modifie le règlement militaire prévoyant que les morts doivent être enterrés sur les lieux de combat dans des fosses communes qui ne peuvent dépasser cent cadavres[1]. Cette même année 1915, deux autres lois sont décrétées : la première en date du 2 juillet institue la mention « *Mort pour la France* », la seconde du 29 décembre prévoit que l'entretien, à perpétuité, des lieux de sépulture sera à la charge de l'État. En 1916, le ministère de la Guerre publie des « *Règles à suivre pour la constatation des inhumations sur les lieux de combat*[2] » qui donnent lieu pour toutes inhumations auxquelles l'officier responsable de l'état civil procède :

« *1° À inscription sur le carnet du champ de bataille ;*

2° Au repérage exact des sépultures. Ce repérage est assuré : par le numérotage des tombes ; par l'inscription immédiate sur chaque sépulture du numéro qui lui est attribué [et s'il est possible, des noms et prénoms des militaires inhumés] ; par la notation immédiate de ces indications au carnet.

Si les inhumations sont effectuées dans des circonstances telles que toute notation au carnet soit impossible et que le repérage du lieu d'inhumation ne puisse être que sommaire, la notation doit être portée au carnet aussitôt que faire se peut, et mentionner

---

1. SHAT 18N189.
2. Ministère de la Guerre, *Instruction pratique du 2 juin 1916 concernant la constatation aux armées des évacuations, disparitions, décès et inhumations*, Paris, Imprimerie nationale, 1916.

toutes les circonstances permettant par la suite de retrouver le lieu d'inhumation et d'établir l'identité du militaire inhumé. »

Bien entendu, il est d'importance que le résultat des travaux effectués par les officiers d'état civil de l'armée sur les champs de bataille soit consigné durablement et que « *quelles que soient les modifications subies par les lieux de combat à la suite de nouvelles opérations militaires, la trace des inhumations qui y ont été effectuées successivement soit conservée et puisse être retrouvée ultérieurement* ». Il incombe donc de :

« *1° Régler exactement le numérotage des sépultures sur les lieux de combat ;*

2° Reporter ce numérotage sur un plan. »

Mais en raison des différentes situations qui peuvent se présenter sur le front, il est bien impossible d'établir des règles générales : « *Le numérotage doit aboutir à ce que, dans un même secteur, chaque tombe porte un chiffre distinct ; il faut, autant que possible, que le numérotage soit fait par séries, partant de repères précis, faciles à désigner et suffisamment durables.*

L'officier de secteur (ou du champ de bataille) dresse seul le plan des lieux.

À cet effet il est pourvu, par les soins de l'officier responsable de l'état civil de l'armée, du plan au 1/20 000 de son secteur (ou du champ de bataille).

L'officier de secteur (ou du champ de bataille) utilise ce document pour faire des inhumations du secteur (ou du champ de bataille). Les repères y sont clairement désignés avec leur distance aux tombes les plus voisines ; toutes les tombes y sont portées ; des signes distinctifs y indiquent les tombes individuelles et les tombes collectives. Le numérotage des tombes y est reproduit avec l'exactitude la plus rigoureuse.

L'officier de secteur adresse, le 1ᵉʳ de chaque mois (l'officier responsable de l'état civil du champ de bataille en fin d'opération), un décalque exact de son plan à l'officier de l'état civil de l'armée qui le fait parvenir au Ministre [...].

Lorsque les indications à porter sur le plan sont trop nombreuses pour y figurer clairement, l'officier établit un plan à l'échelle voulue (supérieure au 1/20 000) [...]

L'attention des officiers chargés de cette mission est appelée d'une manière toute particulière sur l'intérêt qu'elle présente. De la façon dont ils s'en seront acquittés dépendent l'identification exacte de sépultures et, à la fin des hostilités, l'accomplissement des devoirs des familles françaises. » Ces informations récoltées sur le champ de bataille, et envoyées au ministère qui les centralise, doivent être le plus complètes possible. Dans ce souci, une note émanant la direction de l'arrière, en date du 25 septembre 1916, interpelle sur le travail effectué par notamment des aumôniers ou des militaires. Celui-ci peut se révéler être un complément de renseignements non négligeable voire même contenir des informations que ne possèdent pas les armées. Une source, un travail qu'il convient de pouvoir exploiter et centraliser :

« *Le Ministre (Bureau des Renseignements aux Familles) me signale l'importance, pour la bonne exécution du travail d'identification et de classement des sépultures militaires, de l'envoi au Ministère de tous les documents pouvant aider à l'identification des sépultures des militaires tués à l'ennemi.*

Les résultats des travaux de repérage et d'identification des tombes exécutées dans votre Armée et que vous m'avez transmis, ont été communiqués au Ministre (Bureau des Renseignements aux Familles) et ont fourni à ce Service de précieux documents. Il y a lieu de continuer ce travail et de m'en adresser très régulièrement les résultats.

Mais les précisions contenues sont pour de nombreux cas encore incomplètes et il importe par tous les moyens, de faciliter l'exécution du travail de centralisation dont il s'agit.

C'est pourquoi je vous prie de me faire parvenir les pièces ou plans de toute nature, relatifs aux inhumations qui seraient encore entre les mains des Officiers de l'État Civil de votre Armée et qui n'auraient pas figuré dans les travaux que vous m'avez précédemment envoyés.

J'attire, en outre, votre attention sur le fait qu'un grand nombre d'Officiers des formations et services, ainsi que les aumôniers, tiennent des carnets personnels où sont notées des indications dont l'exploitation par la Section des Renseignements serait du plus grand intérêt.

Je vous prie donc de faire connaître aux Officiers, Aumôniers et Sous-Officiers, l'importance que peuvent présenter les notes qu'ils ont pu prendre à une époque quelconque au sujet des inhumations et de les inviter à vous les adresser le plus tôt possible en original ou en copie [...][1]*. »*

Sur le terrain, la pratique s'avère bien différente que ce qui est prévu dans les textes. Lors de la guerre de positions, on enterre de préférence les combattants dans des tombes individuelles en prenant soin d'y mettre un signe distinctif qui permettra ultérieurement de les reconnaître, du moins le pense-t-on. La fosse commune n'est pas la sépulture privilégiée par les combattants pour y inhu-

---

1. Note datée du 25 septembre 1916 en provenance de l'état-major général, direction de l'arrière sous la référence N° 9.134/DA., adressée aux groupes d'armées, armées, D.E.S., I.G.S., signée (P.O.) de l'aide-major général Ragueneau.

mer leurs camarades morts au combat. Dans leur esprit, celui qui a donné sa vie pour son pays a le droit à d'autres égards qu'un enterrement collectif, et mérite une sépulture décente qui est donc individuelle. Celle-ci a une marque de respect que n'ont pas les fosses communes, tant pour le mort que pour la famille de ce dernier, qui ainsi pourra après la guerre se recueillir sur la tombe de l'être cher et de lui seul, et non devant un nombre de corps où il ne sera qu'un parmi les autres. Une approche plus personnelle et quelque part identifiée de la reconnaissance, d'autant que rien ne laisse présager qu'à la fin du conflit, les corps des combattants pourront avoir une sépulture individuelle digne de ce nom ou pourront être rendus à leurs familles.

L'IMPOSSIBLE DEUIL
DES FAMILLES

> « *Parmi ces victimes, il en était dont le sort fut particulièrement cruel à ceux qui les chérissaient ; on ne les avait point reconnus parmi les morts.* »
> Général Weygand

Disparu. Pour les familles ce terme fait naître un sentiment ambigu. Les proches des militaires vivent dans l'angoisse au quotidien, à la quête de la moindre information pour savoir ce qui se déroule dans le secteur où peut éventuellement se trouver le mari, le père, le frère. Mais quelle attitude avoir face à cet acte de disparition reçu parfois tardivement ? Faut-il y voir une raison de croire que l'être cher est encore en vie ? Les familles doivent-elle être optimistes ? Pessimistes ? Car entre ces deux extrêmes, il n'y a pas de juste milieu. Certes, tant que la gendarmerie ou le maire accompagné du curé, messagers d'une missive émanant du ministère de la Guerre, ne sont pas venus au domicile annoncer cette mauvaise nouvelle, on peut encore être porté à croire. Il peut être blessé, prisonnier, ou encore aux mains de l'ennemi. Mais l'absence de courrier, des semaines, voire des mois durant, laisse présager le pire, un mauvais augure. Ainsi cette lettre adressée à Joseph le 1er novembre 1915 qui, dès la première ligne, montre le sentiment d'inquiétude devant l'absence de nouvelles du soldat : « *Voilà 11 jours que l'on n'a pas reçu de tes nouvelles.* [...] [1]. » Tourment qui ne peut être qu'amplifié par cette mention figurant sur l'enveloppe : « *Lettre retournée à l'envoyeur : le destinataire n'a pu être atteint.* » Et ce n'est pas le courrier en date du 9 novembre 1915, adressé par la sœur de Joseph, Marthe, à leurs parents qui va les rassurer : « *Je viens de recevoir votre carte à l'instant et je vois que vous avez l'air d'être mécontents que je ne vous aie pas répondu au sujet de Joseph : pour une bonne raison, c'est que je suis comme vous sans nouvelles depuis longtemps* [...]. » Joseph Papillon est bel et bien porté disparu même si, à ce moment dans le récit, aucun acte de disparition ne semble avoir été adressé à la famille. La lettre de sa sœur Marthe toujours à ses parents, datée du 15 novembre 1915, est très intéressante car elle montre l'état d'esprit dans lequel peut se trouver un parent sans nouvelles d'un proche : inquiétude certes, mais aussi incompréhension, colère : « *Avez-vous des nouvelles de Joseph ou alors que devient-il ?* [...] *Hier j'ai vu Hortense. Elle est comme moi sans nouvelles depuis longtemps. Une lubie ne lui durerait pas aussi longtemps. Je commence à me tourmenter, puis Mlle Gabrielle m'a demandé si j'avais de bonnes nouvelles de mon dragon. Elle m'a dit que c'était extraordinaire en effet* [...] *Mais si jamais il est en bonne santé et que ce soit un caprice, qu'est-ce que je lui passerait !* [sic]. » La famille se trouve dans l'anxiété la plus

---

1. « *Si je reviens comme je l'espère.* » *Lettres du front et de l'arrière, 1914-1918.* Présentation et notes de Rémy Cazals et Nicolas Offenstadt, Éd. Perrin, collection Tempus, 2005.

totale d'autant que Joseph a coutume de correspondre régulièrement avec ses proches. On entre donc en contact par l'intermédiaire de connaissances avec l'ancien commandant de l'unité de Joseph qui oriente, guide la famille Papillon dans sa quête d'informations. Une lettre du capitaine de La Fontaine, du 13ᵉ dragons, parvient à Marthe, l'informant que Joseph « *était aux tranchées le 27 octobre et se trouvant incommodé par les gaz asphyxiants, il s'est rendu au poste de secours et a été ensuite évacué sur une ambulance. Je suis sans nouvelles de lui depuis cette date. Peut-être pourriez-vous écrire au médecin de l'ambulance de Mourmelon-le-Petit, de Thuizy et à l'hôpital de Châlons/Marne. Il est probable que vous en aurez des nouvelles* ». Le père entreprend alors d'écrire aux médecins comme l'a recommandé le capitaine de son fils. Le 19 novembre 1915, un courrier du chef d'escadron, commandant le dépôt du 13ᵉ régiment de dragons à Montauban, est adressé au maire de la commune de Vézelay dans l'Yonne où sont domiciliés les parents de Joseph :

« *Monsieur le Maire,*

J'ai l'honneur de vous informer que je viens d'être avisé officiellement par le ministère de la Guerre que le cavalier Papillon Louis Joseph – Mle 2739 du 2ᵉ Escadron du 13ᵉ Dragons –, est décédé le 6 novembre 1915, des suites des blessures reçues sur le champ de bataille à l'ambulance 2/60 à Mourmelon-le-Petit (Marne)

Le cavalier Papillon était le fils de Louis-Joseph, dit Léon, et de Gauthier Émilie-Marie, domiciliés à Vézelay.

Je vous prie de vouloir bien, avec tous les ménagements nécessaires, aviser la famille du cavalier Papillon du décès de celui-ci, domicilié en votre commune, mort pour la France.

Je vous prie de présenter à la famille les condoléances de Monsieur le Ministre de la Guerre et celles du Régiment.

Vous voudrez bien, lorsque votre mission aura été accomplie, me retourner le récépissé ci-joint, après l'avoir complété, signé et revêtu du cachet de la Mairie.

À Montauban, le 1er novembre 1915. »

L'évocation de ce cas particulier de disparition du cavalier Papillon est intéressant et riche d'enseignements. D'une part, en l'absence d'un acte officiel de disparition, seules l'absence de nouvelles de leur fils et une lettre qu'ils lui ont envoyée, revenue avec la mention « *le destinataire n'a pu être atteint* », les ont inquiétés d'une situation anormale. Inquiétude certes légitime partagée avec leur fille qui constitue un premier stade, celui de l'attente, de l'espoir. Cet espoir va diminuant au fil des jours s'il n'est pas entretenu par une nouvelle. Les familles veulent alors savoir à tout prix car à l'espoir succède un autre sentiment, celui de l'incrédulité. Il faut alors tenter de savoir, de rechercher ce qu'il a pu advenir de l'être cher, soit en entrant en contact avec des camarades de combat qui ont pu être témoins de l'éventuelle disparition ou de la possible blessure, soit par l'intermédiaire d'un chef d'escadron. Un travail de longue haleine où il faut prendre des contacts, écrire, attendre les réponses... pour au final se retrouver en présence de l'irrémédiable, de cette brutalité de l'annonce, de cette mauvaise nouvelle redoutée à laquelle on ne peut se résoudre à croire. Marthe, la sœur de Joseph, écrit ainsi à ses parents le 24 novembre 1915 :

« *Mes chèrs Parents* [sic]

Quel coup quand j'ai reçu votre lettre hier matin ! J'avais espoir. Je ne peux croire qu'il est mort, ce pauvre Joseph [...].

Je voudrais savoir comment il est mort, s'il avait sa connaissance et s'il nous a demandés. Il paraît qu'étant dans la zone des armées, on ne prévient pas la famille.

Écrivez donc au médecin-en-chef de l'ambulance où il était. Il vous le dira et demandez aussi où il est enterré […]. »

La possibilité, éventuelle, de se rendre sur la tombe de son frère permettra à Marthe de faire son deuil, de rendre un dernier hommage à son frère ou de rapatrier son corps. Ces volontés sont celles de la majorité des familles. Combien d'entre elles ont pu se rendre sur les lieux de combat où sont tombés leurs maris, pères, enfants ? Nul ne le sait réellement, mais « *les trains se dirigeant vers Châlons, Sainte-Menehould, Verdun bien que doublés par la compagnie de l'Est continuent de partir combles de Paris. C'est une foule noire, transportant les fardeaux fragiles, des enfants et des bouquets ;*

Le long du chemin, elle s'égrène à Château-Thierry, à Épernay, à Châlons, à Sainte-Menehould mais le gros du débarquement est à Verdun. Là, rien qu'à l'ossuaire de Douaumont 320 000 soldats sont couchés. Par les villages ruinés dont il ne reste que le nom tragique, immortel, on monte vers le lieu funèbre : Belleville, Fleury, Vaux, Douaumont, la côte du Poivre ! Sur toutes les collines, dans des vallons pelés et souples, les petits cimetières, carrés, constellés de croix se détachent, damiers de pierre crus, de bois blanc et noir, sur la lande verdâtre de ces campagnes incultes, encore ciblée des déterrements ronds et jaunes des trous d'obus. Pourtant des drapeaux accrochés aux coins des bois, disent que c'est jour de fête et à la fin de l'après-midi le caillou nu des cimetières est recouvert d'une douce verdure de fleurs.

L'ossuaire de Douaumont est sur le sommet de la haute croupe. Au centre la tombe du général Ancelin.

C'est là que l'Œuvre du Souvenir élèvera son monument. De là on domine tout le champ de bataille où tous nos corps d'armée, toutes nos provinces, toutes nos colonies ont apporté leur héroïsme et leur sang à l'holocauste commun. Là gisent 320 000 soldats Inconnus ! Tous les matins, une messe est dite pour eux à Verdun ;

L'affluence n'a pas été moindre aux convois qui acheminent les familles en deuil vers les régions du Chemin des Dames, de Notre-Dame de Lorette, de la Somme, de l'Artois.

Là, on erre dans les pays immensément, atrocement dévastés, où seules quelques baraques forment le pauvre noyau des villages qui renaîtront[1] ».

À LA RECHERCHE D'UNE TRACE

La disparition d'un être cher au combat installe le doute, l'incertitude dans l'esprit de sa famille. Est-il réellement mort ? Telle est la question qui s'est posée à maintes familles. En l'absence d'un corps retrouvé inerte sur un champ de bataille ou d'une dépouille dans une ambulance du front, les proches se retrouvent face à une réalité difficilement acceptable, celle d'une possibilité de ne jamais retrouver le corps du mari, du père ou du frère. Avant d'espérer pouvoir rapatrier la dépouille du soldat, les familles se rattachent à un espoir, celui de l'identification. Après l'Armistice principalement, des familles partent à la recherche de leurs morts, bien souvent sans autorisation, parfois à la faveur de complicités bien placées ou sur la foi d'un renseignement, d'un croquis, communiqués par des frères d'armes. En ces lieux de combat, œuvre déjà l'« *état civil des champs de bataille* ». Ces

---

1. *L'Action française*, 3 novembre 1920.

fonctionnaires nommés par l'État tentent d'effectuer un travail de reconnaissance des corps par le biais d'indices morphologiques ou d'objets retrouvés sur les dépouilles. Mais, pour ces familles confrontées à cette incertitude de la disparition, subsistent toujours un doute mais aussi un espoir de revoir vivant l'être cher. Tant et si bien qu'à l'annonce d'un corps identifié, certains se montrent sceptiques, soupçonneux. N'y a-t-il pas d'erreur possible ? Est-on sûr de l'identité ?

C'est l'objet du courrier, daté du 15 décembre 1924, de Mme Antoinette Desbeaux de Bègles dans une lettre adressée au service d'état civil militaire :

« Je vous serais obligée de vouloir donner cours à ma demande. Voici : en 1921, le 26 février, on exhume le corps de mon fils Desbeaux Pierre du 7ᵉ Colonial pour être transporté à Bègles (Gironde), ce qui fait 3 ans le 27 mars 1924. Je fus surprise quand le 22 octobre 1924, je reçois une lettre m'avertissant que l'on aurait trouvé le corps, qu'un nommé Desbeaux était transféré au cimetière national [de Vauxaillon]. *En pareil cas, Monsieur, a-t-on pu se tromper ? Pourrais-je obtenir l'exhumation de ces deux corps ? Mais je ne peux pas payer le voyage si il faut aller à Vauxaillon. Soyez assez bon, Monsieur,* [de me dire] *ce qu'il y aurait à faire car je suis dans un grand ennui* [1]. »

Même si le soldat n'a pas été porté disparu, il y a toujours une incertitude à croire sur parole ou plutôt sur acte de décès sans avoir pu constater de visu l'identité du défunt. Ainsi cette lettre d'une veuve de guerre parisienne adressée au maire de

---

1. Lettre adressée au service d'état civil militaire, Archives du service des sépultures militaires à Laon, publiée dans *La Lettre du Chemin des Dames*, Bulletin d'information édité par le conseil général de l'Aisne (octobre 2003, n° 3).

Vauxaillon, sur le Chemin des Dames et datée du 12 juillet 1920 :

« Je suis une veuve de guerre ; mon pauvre mari, m'a-t-on dit, a été tué au combat [de] Laffaux et inhumé au cimetière des zouaves au ravin de Vauxaillon. Sa tombe doit porter son nom : Collin Nicolas, caporal 8e zouaves 1re compagnie 1er bataillon et porte le n° 120.

Il a donc paru sur les journaux que l'on ramènerait le corps de nos défunts à tous ceux et à toutes celles qui en feraient la demande, et comme ce serait mon intention, je voudrais avant que de faire ma demande pouvoir constater que c'est bien lui. D'après les renseignements que j'ai obtenus, mon mari aurait été tué le 7 septembre 1918, il y aura bientôt deux ans. Mais malgré ces deux années, il me semble que je pourrais le reconnaître.

Donc, Monsieur, je viens vous demander d'avoir la bonté de me donner la marche à suivre et me dire si je pourrais faire ouvrir sa tombe, ensuite si je pourrais trouver quelqu'un à ma disposition pour faire ce triste travail[1]... »

Cette veuve souhaite procéder à l'identification du corps qui serait celui de son mari, pour enfin en avoir la certitude et ainsi ramener la dépouille de son époux puis l'inhumer auprès des siens dans un caveau de famille. Hélas, cette femme se voit signifier un refus comme le démontre cette deuxième lettre, du 21 juillet 1920, toujours adressée au maire de Vauxaillon :

« Ce matin, je reçois la réponse de Chaulny [du service de l'état civil militaire], et j'en suis désolée car l'autorisation m'est refusée, me disant que mon mari

---

1. Lettre publiée dans *La Lettre du Chemin des Dames*, Bulletin d'information édité par le conseil général de l'Aisne (octobre 2003, n° 3).

était identifié, il est beaucoup plus urgent de chercher à identifier les inconnus : j'ai trouvé cette réponse d'aucun sens, vu que je ne leur demande aucun travail, aucun dérangement...

Il me marque bien que plus tard cette autorisation peut m'être donnée, il me l'accordera volontiers, mais plus tard pour moi il sera trop tard, car plus j'attendrai, plus il sera méconnaissable, et pour ma demande de le faire revenir, il sera trop tard également, car je ne veux pas ramener près de moi un étranger. Alors ayant un doute, il me faudra l'abandonner. Mais c'est un manque d'humanité !... »

Ce courrier montre le désarroi de cette femme doutant de l'identité d'un corps que les autorités lui disent être celui de son mari et qui va finalement refuser de rapatrier ce corps, même aux frais de l'État, comme le confirme sa dernière lettre du 28 juillet 1920 :

« *Je viens d'apprendre que l'autorisation que j'avais demandée pour la deuxième fois, m'a été à nouveau refusée. J'en suis désolée car désormais, je me vois forcée de laisser où il se trouve le corps de mon mari vu que j'aurai toujours un doute [...] Voyez toute l'étendue de ma peine de vivre dans une inquiétude semblable, c'est trop cruel vraiment.* »

Cette femme ne peut vivre avec un doute sur l'identité de ce mort, mais a-t-elle pu vivre ensuite avec le probable sentiment d'avoir abandonné la dépouille de son mari dans un cimetière militaire, celui de Vauxaillon où est resté inhumé ce caporal du 8e zouaves ? Nul ne le sait...

Faire son deuil pour les familles, à l'image de cette veuve, est un travail ardu, davantage encore pour celles qui sont en présence d'un proche disparu car subsiste toujours une incertitude. Pour l'État également. Preuve en est avec cette législation mise en place afin de pallier le préjudice de guerre pour les familles. Cela se traduit concrètement avec la mise en place d'avantages pour les veuves de guerre, de la création de l'Œuvre des pupilles de la nation pour les orphelins. Des aides dont se trouvent exclues les familles des disparus. Il faut en effet attendre le 31 mars 1919 et la promulgation d'une loi qui « *accorde à l'épouse et aux enfants des militaires disparus une pension provisoire à la condition que la disparition, annoncée officiellement, remonte à au moins six mois* ». Le doute, l'incertitude n'est pas uniquement dans l'esprit des familles, il l'est également dans celui de l'État. Afin d'exercer une pression sur les pouvoirs publics, de faire valoir leurs droits, les familles de disparus se regroupent en associations telle l'Association pour la recherche des disparus, rattachée à l'Agence des prisonniers de la Croix-Rouge ou encore l'Union des familles de diparus.

Sur le transfert des corps

Outre les disparus, l'État est confronté au problème des dépouilles, des « corps morts ». En effet, une fois les défunts localisés et identifiés, se pose la question de leur devenir. Que faire ? Faut-il les garder in situ ou autoriser le rapatriement ? Contrairement aux Britanniques, les Français se sont émus du refus des autorités militaires, dans un premier temps du moins, de leur rendre leurs morts. En France, une polémique relayée par toute la presse combattante, passée par la Chambre des députés, a permis de faire exhumer et transporter les héros morts pour la nation. Les inhumations des corps des « *morts pour la France* » posent des problèmes car elles représentent un enjeu politique et fondamental : l'État souhaite conserver ensemble ceux qui ont contribué, au prix de leur vie, à la victoire alors que les familles considèrent que le sacrifice de leurs proches est déjà suffisant, qu'il est temps de les leur rendre.

En 1920, la France autorise finalement le transfert des corps aux frais de l'État. Les exhumations s'accomplissent en présence de délégués du service de restitution des corps. Une organisation importante est nécessaire pour passer du stade de la loi à celui de son exécution avec notamment l'affrètement de trains spéciaux[1]. Quels que soient les problèmes posés par ces opérations de transferts des corps, les morts inhumés sur les champs de bataille sont au final les plus nombreux en raison des conditions de combat qui, en multipliant le nombre de soldats inconnus, ont imposé comme une évidence : faire de ces lieux d'affrontement des cimetières à la dimension du conflit. Dans les ossuaires, on regroupe ainsi les corps non identifiables, à l'exemple de celui de Douaumont où sont entassés des milliers de corps, de restes humains dont on ignore le nom, dont l'identité a été avalée par la terre, détruite par le feu.

Au lendemain de l'hommage rendu au Soldat inconnu, le 12 novembre 1920, *L'Œuvre* titre sur les soldats non identifiés : « *Il y a moins de soldats inconnus que de soldats non identifiés par négligence. Pour la Patrie, la première forme de reconnaissance n'est-elle pas de reconnaître ses enfants ?* » Le journal publie un article signé d'Emmanuel Bourcier intitulé « *Au charnier de Verdun. Inconnus ? Non, méconnus !* » relatif aux soldats disparus et à leur identification :

« *Sur quatre cent mille morts, trois cent mille pourraient être identifiés.*

---

1. Luc Capdevila, Danièle Voldman, *Nos morts. Les sociétés occidentales face aux tués de la guerre*, Éd. Payot, 2002.
Yves Pourcher, *Les jours de guerre. La vie des Français au jour le jour entre 1914 et 1918*, Éd. Plon, 1994, réédition Hachette Pluriel.

Il y avait, dans le grand cimetière, qui s'étend autour de Verdun, quatre cent mille tombes d'inconnus. On a identifié jusqu'ici trente-six mille seulement de ces héros anonymes.

– On ne fera guère mieux, dit l'abbé Doël, qui garde l'ossuaire de Thiaumont, tout au plus peut-on espérer en reconnaître cinquante mille en tout.

Mais l'abbé Doël s'abuse et le colonel Bel, chef de l'état civil à Châlons, le sait bien, lui qui dirigeait l'autre jour les recherches autour de Douaumont et qui guidait les soldats armés de pelles à qui revint le soin d'exhumer le soldat inconnu.

Car – apprenez cette chose effroyable – avant de trouver le cadavre que l'on cherchait, il n'en fallut pas exhumer moins de dix.

Trois étaient des tirailleurs

Et les autres ? Les autres avaient tous leurs plaques d'identité...

Parce que l'on avait recherché seulement un inconnu, sept familles ont retrouvé l'un des leurs.

Après cela, restera-t-il des gens pour dire que ce n'est pas la peine de continuer la triste besogne des exhumations, qu'elle ne servira de rien et qu'il est bien plus simple de laisser les morts en repos pour ne pas déranger les vivants ?

Personne, désormais, après l'expérience faite, n'a plus le droit d'empêcher que la pieuse besogne s'achève.

Je revenais, hier, d'un nouveau pèlerinage à l'immense cimetière où les ossements d'un million d'hommes restent mêlés à la terre, et je songeais que, parmi ces anonymes, il y avait celui de l'un des miens. Peut-être, pour me permettre de le retrouver, suffirait-il d'un effort et de gratter un peu le sol mais il y a, paraît-il, des gens pour répondre :

– Ça n'est pas la peine.

J'ai demandé à M. Maginot ce qu'il en pensait. Il pense, lui, que "ça en vaut la peine". Il ajoute :

– Aidez-moi à obtenir cet effort.

Je m'adresse à quatre cent mille familles semblables à la mienne et torturées comme elle.

La France savait le nom des nôtres quand elle les appela. Elle se doit de ne pas les oublier : il faut qu'elle les retrouve sinon tous, au moins le plus grand nombre. C'est une tâche possible et c'est une œuvre sacrée[1]. »

---

1. *L'Œuvre*, 12 novembre 1920.

LE CONCEPT DE SOLDAT INCONNU

> « *Le poilu anonyme c'est lui qui a mérité la plus sûre récompense puisqu'il a donné sa vie sans même que son nom soit connu.* »
>
> Général Maud'huy

Le poilu anonyme

Il semble que l'idée de procéder à l'inhumation d'un soldat non identifié, anonyme, dont la vocation est de représenter l'ensemble des morts tombés au champ d'honneur depuis le début de la Grande Guerre soit due à un Français. Celle-ci est évoquée, pour la première fois, à Rennes, au cimetière de l'Est, lors d'une allocution de François Simon, président de l'association du Souvenir français[1], le 26 novembre 1916.

« *Pourquoi la France n'ouvrirait-elle pas les portes du Panthéon à l'un de ces combattants ignorés, mort bravement pour la Patrie avec deux mots seulement*

---

1. Association créée en 1887 pour commémorer la mémoire des soldats français morts au cours de la guerre de 1870.

pour inscription sur la tombe : un Soldat et deux dates 1914-1916 ? Cette inhumation d'un simple soldat, sous le dôme, où reposent tant de gloires et de génies, serait comme un symbole ; et de plus, ce serait un hommage rendu à l'armée française tout entière. »

L'idée est lancée mais diffère du concept final du Soldat inconnu. Dans les propos tenus par François Simon, il est question d'ouvrir les portes du temple réservé aux grands hommes par la patrie reconnaissante à un soldat « ignoré ». On est encore bien loin de l'Arc de Triomphe et surtout de cette idée de représentation des soldats inconnus, tués au combat et dont on n'a pas retrouvé l'identité. Mais un premier pas est fait, non pas au terme de la guerre mais en plein milieu du conflit, au moment où on semble entrevoir le dénouement de la bataille de Verdun. Cette idée ne sera reprise qu'en 1918, deux ans plus tard, au cours d'une distribution de prix de fin d'année scolaire dans un collège de Chartres par le député d'Eure-et-Loir, Maurice Maunoury, parent du général Maunoury qui, en 1914, commande la 6e armée et est gravement blessé sur le front en 1915. Cette parenté avec cet illustre chef de guerre de l'armée française est de toute importance car elle confère au député une autorité, un poids pour déposer, quelques jours à peine après la signature de l'Armistice, une requête pour inhumer un soldat inconnu au Panthéon. Quelle est la teneur de l'allocution prononcée par le député ? Il est évident que ses paroles diffèrent de celles prononcées par le président du Souvenir français, dans le sens où elles ont déjà une teneur politique.

« *Lorsque la paix reparaîtra sur la terre, lorsque la France relèvera dans ses champs dévastés les tombes de ses enfants qui sont morts pour la défendre, nous demanderons aux pouvoirs publics de recueillir les restes de l'un d'eux qui remplissent cette double et formelle condition d'être un fantassin français et que son nom soit absolument inconnu. [...]. Nous demanderons aux pouvoirs publics d'élever au Panthéon, pour recevoir tes illustres ossements, un monument simple comme tu le fus toi-même, sévère comme le fut ta brève existence et, sur ce monument, nous écrirons cette pieuse dédicace : "Au Poilu, la Patrie reconnaissante"* [1]. »

Le député parle non plus d'un combattant mais d'un fantassin, ceux qui ont payé le plus lourd tribut à la cause de la France, il y a donc une séparation entre les soldats qui ont servi la patrie et ont donné leur vie pour la nation : les fantassins et les autres, artilleurs, soldats du génie, pilotes d'avion, etc. Mais il n'y a surtout pas une seule référence à la douleur des familles qui ont perdu les leurs. De plus, il existe une sorte de contradiction, un décalage entre « *des illustres ossements* » et un « *monument simple* » censé les accueillir. Il aurait été de bon ton de mettre ces simples « *ossements* », ceux d'un homme, d'un enfant de la patrie, dans un monument « *illustre* ». Mais c'est ce texte, dans sa teneur et ses propos, qui est quasiment repris mot pour mot dans la *Proposition de résolution tendant à ériger au Panthéon un monument en l'honneur du soldat français*. Un texte qui élude la douleur des familles, des veuves de guerre, des orphelins et dont la fin, dans son épitaphe, emploie le vocable de *Poilus*, peu apprécié des combattants de la Grande Guerre.

Le 19 novembre 1918, la résolution est déposée et soutenue par trois hommes, les députés Maurice Maunoury, Paul Morel et Leredu [2], et adressée à la

---

1. Gérard Fonck, *Le Soldat inconnu, les démarches*, autoédition, 2004.
2. *Journal officiel*, séance du 19 novembre 1918, annexe n° 5240.

commission de l'enseignement et des beaux-arts de la Chambre. Deux jours plus tard, le 21 novembre, le quotidien *Le Matin* lance une campagne de presse en faveur de projets de commémoration monumentaux. Cette presse ne tarde pas à s'emparer de cette idée, de cette résolution désormais, et pèse de tout son poids pour obtenir la réalisation de ce projet. Mais personne ne semble s'être posé la question des motivations de ce groupe de parlementaires à l'origine de ce projet visant à honorer le corps d'un soldat inconnu. Motivations personnelles ou politiques ? Aucun éclairage, aucune explication n'a été apportée sur cette question.

Au cours d'une séance à la Chambre le 29 novembre 1918, Alexandre Lefas, député de l'arrondissement de Fougères, rapporteur de la commission de l'enseignement et des beaux-arts, apporte les premières critiques au projet de MM. Maunoury, Morel et Leredu :

« *Il ne faut exclure, en effet, personne de l'hommage rendu à la valeur et au dévouement héroïque du soldat français. Tous ceux qui ont porté dignement l'uniforme ont droit en commun à cet hommage et à notre gratitude. À ce point de vue, l'idée d'exhumer des restes non identifiés, à la seule condition qu'il s'agisse d'un fantassin et d'un simple soldat inconnu, ne nous semble pas la plus heureuse. Nos collègues n'attachent d'ailleurs à cette formalité de l'exhumation – formalité pénible malgré tout – qu'une simple valeur de symbole. Or, il ne nous semble pas que ce symbole soit nécessaire à la réalisation de l'idée. Nous sommes un peuple suffisamment porté aux idées générales et abstraites, pour qu'il soit inutile de trop vouloir les concrétiser. À le faire, on risque au contraire de paraître restreindre et de diminuer effectivement à l'excès, sans aucun intérêt, l'hommage que nos morts attendent en commun de l'unanimité du peuple français [...]. Dernière remarque, assez décisive, nous l'espérons, pour faire admettre à tous le sentiment de la commission : un transfert des restes – quels qu'ils soient – sera fait dans le caveau du Panthéon. Or quelque illustres que soient les morts qui y reposent, ce n'est pas là, sous terre, et visité seulement par un petit nombre de personnes que nous rêvons de voir s'élever le monument consacré au souvenir des soldats tombés dans la Grande Guerre. C'est en plein jour, à l'entrée de la nef inondée de lumière, adossée par exemple à l'un des piliers, que nous souhaiterions voir placer cette œuvre commémorative. Qu'elle soit la première à frapper la vue de ceux qui pénètrent dans le temple. Ainsi nous croyons qu'elle remplira plus complètement sa destination [...]*[1]. »

Deux points essentiels sont soulignés dans ces propos d'Alexandre Lefas. Tout d'abord, le Soldat inconnu doit être le symbole de la nation, dans son ensemble, quelle que soit son arme. Il ne peut représenter uniquement l'infanterie, mais doit être le symbole de toutes les armes, sans distinction aucune.

Deuxième point abordé, le lieu d'implantation du monument. Si le choix du Panthéon par les trois hommes initiateurs du projet ne semble pas réellement remis en cause, le lieu de situation du monument du Soldat inconnu ne peut être situé « sous terre », en un endroit plongé dans la pénombre, accessible à « un petit nombre de personnes », mais en un endroit « inondé de lumière ». L'hommage de la nation à ce soldat, symbolisant ses compagnons d'infortune, doit se faire à la vue de tous, en pleine lumière.

Cette intervention du député d'Ille-et-Vilaine souligne bien les éventuels désaccords qui peuvent naître de ce projet qui, même s'il peut être approuvé

---

1. *Journal officiel*, séance du 29 novembre 1918.

par la Chambre, risque de ne pas rester en l'état, d'être l'objet de discussions.

Le 12 décembre, est à nouveau évoqué à la Chambre le projet d'implantation du monument au Panthéon, la discussion s'anime, devient plus passionnée entre les parlementaires. Le député Lebey propose de « *construire à l'intérieur même du monument une sorte de chapelle dans laquelle se trouverait un livre portant les noms des combattants de guerre* ». Le terme de *chapelle* froisse, vexe certains de ses collègues parlementaires qui ne veulent pas qu'une quelconque notion religieuse soit assimilée au projet. Mais au cours de ce débat, et pour la première fois depuis que l'idée de ce concept a été lancée, la symbolique dépasse le cadre militaire, l'hommage solennel aux combattants pour prendre en compte la peine des familles.

« *Il y a quelques jours, je suis allé voir les ravages commis à Soissons et j'ai rencontré une vieille femme de Béthune. Je lui demandais d'où elle venait et elle me répondit que, depuis trois jours, elle parcourait le plateau de Crouy et de Laffaux pour y chercher la tombe de son enfant sur laquelle elle avait reçu quelques renseignements. Beaucoup de mères sont dans cette situation et seront réduites à pleurer leurs enfants. Les familles les plus riches pourront ramener les corps dans le cimetière de la commune, mais toutes les mères pauvres, qui ont autant de cœur que les mêmes riches, ne pourront pas ramener le corps de leur enfant.* » Si ces propos du député Nouhaud[1] pose le problème du deuil des familles avec toutes les conséquences qu'il engendre, ils lancent surtout une polémique sur les différences sociales entre les familles aisées, ayant les moyens financiers de rapatrier une dépouille, et les autres qui n'ont pas ces facilités pécuniaires et ne peuvent parfois se

---

1. *Journal officiel*, 2ᵉ séance du 12 décembre 1918.

déplacer sur les champs de bataille ou à l'endroit où est enterré leur enfant ou leur mari. Ce Soldat inconnu, quant à sa représentativité, devient un débat politique où les vieux clivages droite-gauche refont leur apparition.

Il faut attendre le 12 septembre 1919 pour que se poursuive, à l'Assemblée nationale, le débat concernant l'inhumation du Soldat inconnu. Quatre-vingt-huit députés dont Maurice Maunoury, André Paisant et le ministre des Pensions, André Maginot, soutiennent le projet de rendre hommage à un Soldat inconnu, projet qui selon Maurice Maunoury *« dressera à jamais devant les siècles futurs l'image du citoyen tombé pour sa patrie ! Près de Rouget de Lisle qui l'a créée, un enfant de la France incarnera* La Marseillaise, *et les familles des disparus viendront avec un noble orgueil saluer une relique où elles garderont l'illusion de retrouver la tombe qu'elles pleurent* [1] ». Le discours du député d'Eure-et-Loir a varié depuis celui qu'il a prononcé un an plus tôt à Chartres lors d'une fin d'année scolaire. Il est désormais plus proche de la peine des familles qui seront obligées de se contenter d'une « *relique* » pour honorer, célébrer la mémoire de leurs disparus.

Une loi pour « *la commémoration et la glorification des morts pour la France au cours de la Grande Guerre* » est votée le 25 octobre 1919, l'article 4 précise qu'« *un monument national commémoratif des héros de la Grande Guerre, tombés au champ d'honneur, sera élevé à Paris ou dans les environs immédiats de la capitale* ». Cet article indique que si l'idée, le concept d'hommage, s'impose, le lieu de ce monument national en revanche n'est pas définitivement validé. Une tergiversation, un atermoiement qui ouvre une porte, celle de la suggestion d'autres lieux. Certains n'attendent pas qu'on leur demande de

---

1. *Journal officiel* du 12 septembre 1919.

prendre position à l'image d'Henry Vidal qui, dans les colonnes du quotidien *Le Journal* le 14 septembre 1919, se déclare en faveur du Panthéon. Rien n'est encore définitivement arrêté, ni en ce qui concerne le monument par lui-même et encore moins s'agissant du lieu où il sera érigé. Il manque apparemment quelque chose susceptible de faire progresser cette idée, de faire en sorte que le projet se concrétise. Ce sont les Britanniques, nos alliés, qui vont nous le procurer, en annonçant qu'un Inconnu allait être inhumé à Westminster. Cela déclenche alors une vague de réactions dans la presse comme celle d'André Paisant, député de l'Oise et chroniqueur au quotidien *Le Journal* :

« *Ainsi donc, l'Angleterre va venir chercher, sur les champs de bataille de France, le corps anonyme d'un Tommy inconnu, et, comme un symbole magnifique et sacré, elle déposera ses restes à Westminster entre Pitt et Livingstone ! Et la France que fera-t-elle*[1] *?* »

En soulignant la décision prise par la Grande-Bretagne de rendre hommage à un Soldat inconnu britannique tombé sur les champs de bataille de notre pays, le parlementaire met en exergue l'immobilisme de la France et de son gouvernement. L'Angleterre a pris sa décision, effectue les démarches pour récupérer le corps d'un de ses tommys non identifiés et nous, Français, où en sommes-nous, que faisons-nous ? semble demander André Paisant.

La presse prend alors le relais des politiques, en mobilisant l'opinion publique autour de ce projet du Soldat inconnu. Ainsi *L'Intransigeant*[2], sous la

1. *Le Journal*, 26 octobre 1920.
2. *L'Intransigeant* est un des plus importants journaux du soir des années 1920 avec un tirage régulier à presque 400 000 exemplaires.

plume de son rédacteur en chef Léon Bailby, rappelle qu'« *au moment où se préparait l'inoubliable fête de la Victoire du 14 juillet 1919, un groupe de députés dont je regrette bien d'avoir oublié les noms avait proposé qu'une délégation spéciale allât ramasser sur un de nos champs de bataille les restes d'un soldat inconnu, choisi au hasard parmi ces tombes anonymes qui pullulent le long de la voie sacrée, et que ces restes, associés au triomphe, soient inhumés solennellement au Panthéon.*

Pourquoi ne pas reprendre aujourd'hui cette belle et touchante idée, et pourquoi ne pas l'adapter au programme du 11 novembre ? […] Si au contraire le Poilu de France était associé à la Commémoration de la République, combien la fête y gagnerait en éclat et en profondeur ! Alors on comprendrait les pompes du défilé, et la participation de la grande armée. Le 14 juillet 1919 a été la fête du soldat vivant, du rescapé. Le 11 novembre 1920 resterait la fête du soldat mort, c'est-à-dire de cette foule anonyme de braves qui se sont sacrifiés pour que la France vive.

Le plus curieux de l'affaire, c'est que cette idée, lancée en France par des hommes politiques français, mais négligée par nous, a été ramassée par l'Angleterre qui est en train de lui faire un sort. Elle va recueillir, en effet, sur l'un de nos champs de bataille un de ses tommies et l'inhumer solennellement à Westminster entre Pitt et Livingstone.

Et c'est nous qui ne ferions rien ? Monsieur le président de la République, monsieur le président du Conseil, monsieur le ministre de l'Instruction publique, il en est encore temps : acceptez que la suggestion d'hommes politiques français soit réalisée en France au 11 novembre, associez à la fête de la République la mémoire, le dénouement, le sacrifice obscur mais innombrable de nos grands Morts[1] ».

1. *L'Intransigeant*, 25 octobre 1920.

Fin octobre 1920, *L'Intransigeant*, qui avait attaqué l'idée du gouvernement de commémorer simultanément le cinquantième anniversaire de la République et le projet de faire reposer le Soldat inconnu au Panthéon, fait à présent marche arrière, pourvu que l'idée de rendre hommage au « *Poilu de France* » soit retenue [1].

Le Temps, sous la plume de Georges Montorgueil, ouvre également ses colonnes à ce qui est devenu une cause nationale :

« *L'Angleterre va porter à Westminster un héros anonyme de la Grande Guerre. Elle le relèvera, en France, sur les champs de bataille où, soldat inconnu, il sera tombé, et lui fera d'imposantes funérailles. Le roi, à pied, suivra son cercueil.*

Il est dans notre esprit que nos idées nous semblent d'autant plus saisissantes qu'un miroir étranger nous en renvoie l'image. L'idée française du soldat inconnu porté au Panthéon date d'un an. Il convient peut-être d'en établir la genèse. C'était au lendemain du défilé de la Victoire où l'on n'avait montré qu'un cénotaphe vide pour associer les morts au triomphe des vivants. Nous avions l'impression que notre dette après cette apothéose n'était point payée envers ceux qui avaient été jusqu'à l'ultime sacrifice. Mais sous quelle forme, par quel rite l'acquitter [2] *?* »

Très vite la campagne de presse s'oriente sur le lieu d'inhumation du Soldat inconnu :

« *Le Panthéon est un sanctuaire bien récent et les gloires qu'on y a placées, depuis le funeste Genevois*

---

1. Le gouvernement avait décidé de célébrer le cinquantième anniversaire de la République et l'Armistice du 11 novembre en opérant, dans le même temps, le transfert du cœur de Gambetta et le corps du Soldat inconnu au Panthéon. Mais la presse, à l'image de *L'Intransigeant* et de *L'Action française*, s'était élevée contre ce projet, les deux événements étant contradictoires.
2. *Le Temps*, 29 octobre 1920.

Rousseau jusqu'à l'immonde Zola, feront au Héros français une bien mauvaise compagnie. Je ne vois pas, aux côtés de l'auteur de La Débâcle, *le sublime soldat de la Grande Guerre [...]. Ce ne sont pas mes sentiments de royaliste, c'est mon instinct le plus profond de poilu qui se révolte à l'idée que notre Camarade figurera dans le même cortège que Gambetta, le métèque bohème et phraseur [...]. Oui je répugne à l'idée de voir mis sur le même rang – et peut-être fera-t-on passer le politicien devant ! – celui qui représente la parole vide ou mensongère [...]. À tout prendre, en attendant qu'on puisse lui offrir un temple purifié et son cortège sans indignité, j'aimerais mieux qu'on élevât au soldat inconnu un monument solitaire ou qu'on le laissât dormir dans la terre sacrée où il est tombé*[1]. »

La polémique sur le lieu d'inhumation lancée par *L'Intransigeant* et *L'Action française* est relayée par la presse populaire. Dans *Le Matin*, Henry de Jouvenel des Ursins, repoussant l'idée du Panthéon, prend position en faveur de l'Arc de Triomphe :

« *La vraie place du Poilu n'est pas au Panthéon, elle est sous l'Arc de triomphe. Le Gouvernement s'est heureusement décidé à sanctifier la journée du 11 novembre en la consacrant au vainqueur de la Grande Guerre : le soldat anonyme [...] Et puisqu'il est temps encore, avant que les chambres ne votent le projet, avant que le gouvernement le dépose, réclamons tout de suite pour la dépouille mortelle du Poilu, sa vraie place. Ce n'est pas le Panthéon, c'est l'Arc de triomphe. Qu'on porte au Panthéon le cœur de Gambetta [...] Ce fils de toutes les mères qui n'ont pas retrouvé leur fils, est bien plus qu'un grand homme : il représente la génération du sacrifice, il est le peuple entier. Lui réserver un coin dans une crypte ! À côté de qui ? Y a-t-il commune mesure entre sa*

---

1. *L'Action française*, 28 octobre 1920.

gloire et les autres ? Ne l'enfermez pas dans la solitude de ce monument devant lequel le visiteur hésite. Portez-le au sommet de l'avenue triomphale, au milieu de ces quatre arches ouvertes sur le ciel [...]. Qu'il domine les Invalides, le Louvre des rois, tout ce paysage incomparable, et que l'Histoire semble monter vers lui, avec la foule, les soirs de fête. Songez-y. C'est lui, l'inconnu, l'anonyme, le simple soldat qui donne tout son sens à l'Arc de triomphe [1]. »

Les lecteurs, en leur nom propre ou en celui d'associations qu'ils représentent, livrent leurs opinions dans les colonnes des journaux. Dans *L'Intransigeant*, Charles Biboud, avocat à la Cour, membre de l'Union fédérale des mutilés et anciens combattants (U.M.A.C.), n'hésite pas à prendre sa plume :

« *Comme elle est généreuse et touchante cette idée que défend actuellement pour nous la presse entière, à la suite de MM. Léon Baliby, André Paisant, Abel Harmant, et comme notre âme monte vers eux une gratitude infinie ! Ils ont compris que ce n'était pas à nous à demander que le corps d'un de nos glorieux frères inconnus, un de ceux dont la petite tombe est anonyme là-haut, soit transporté solennellement, avec le grand tribun, au Panthéon.*

Ce soldat inconnu, humble artisan de la Victoire, enterré je ne sais où, à l'endroit où il a été frappé, comme il symboliserait à lui seul tous les poilus tombés silencieusement pour la même cause ; comme il synthétiserait toutes leurs vertus, leur courage, leur abnégation, mais surtout cette simplicité, cette humilité avec laquelle ils accomplissaient le plus sacré des devoirs.

Et malgré nous, nous évoquons, nous, ces petites croix noires éparses, que maintenant l'herbe recouvre. On a dit d'elles, on a dit de ces grands morts : "Qu'ils

---

1. *Le Matin*, 4 novembre 1920.

montent là-haut une garde éternelle." Eh bien, n'y a-t-il place pour eux, pour un des leurs à Paris, au cœur de la France qu'ils ont, qu'il a si bien défendue – à qui il a fait un rempart de son corps, et à qui – par deux fois – il a évité le contact odieux de l'envahisseur ?

Paris garde jalousement, aux Invalides, le corps d'un grand Français. La Monarchie lui a fait d'imposantes funérailles, longtemps après sa mort. Deux ans après la Victoire, irons-nous dire qu'il est trop tard pour rendre le plus juste des devoirs à celui qui nous a donné le droit de vivre ?

Et nous unissons nos humbles voix à celle plus autorisée de la presse, et nous demandons, pour nos frères, l'hommage suprême du Panthéon.

Là les parents qui cherchent, viendront avec un peu de consolation prier pour le leur, sans savoir si ce n'est pas LUI ; et au milieu des Grands Hommes de notre Histoire, lui qui, il y a cinq ans, la feuilletait peut-être encore, simple citoyen, ouvrier, patron, étudiant, illettré, qu'importe, il serait pour nous le plus grand[1] *!* »

Peu importe le lieu d'inhumation, Charles Biboud accepte que ce soit le Panthéon, seul à ses yeux compte que l'hommage soit rendu au plus anonyme des soldats afin que les parents qui « *cherchent* » obtiennent la maigre consolation d'avoir un lieu pour prier. La presse semble donc avoir réussi à rassembler l'opinion publique autour de ce projet du Soldat inconnu même si un journal, en l'occurrence *L'Humanité*, n'abonde pas dans ce sens. Raoul Alexandre y évoque une « *sinistre comédie dont l'invention est revendiquée par plusieurs journalistes en mal de copie [...] On avait pourtant de bonnes raisons de croire que ces "glorieux morts" avaient bien payé d'avance, de toutes leurs forces, de*

---

1. *L'Intransigeant*, 31 octobre 1920.

toutes leurs peines, de tout leur sang, le droit de reposer en paix. Et nous avons assez connu de camarades de combat qui avaient expressément manifesté leur ferme désir de rester inhumés à l'endroit même où ils pourraient tomber, pour ne pas comprendre l'émotion que nous révèlent les nombreuses lettres de protestation que nous recevons à ce sujet, et dont la suivante donnera une idée précise : "[...] J'ai été dans divers régiments : 1er tirailleurs algériens, 24e d'infanterie, 28e d'infanterie avec lesquels je me suis battu avant d'être fait prisonnier. En dix secteurs différents, je puis vous dire que le désir unanime des camarades que j'ai connus était d'être enterrés là où ils tombaient. Personnellement j'en avais formulé la volonté à l'un de mes compagnons qui fut tué peu après à Aix-Noulette, où entre parenthèses mon régiment en a laissé 1 700 ! Je suis en mesure de vous citer quelques noms de camarades ayant formellement manifesté le même désir [...] Dites bien que du Panthéon aucun de nous n'aurait voulu. [...]*[1].*" Nous ne voulons tirer de ces émouvantes protestations qu'une seule conclusion : l'opinion des anciens combattants, et évidemment celle de leurs familles, est loin d'être unanime [2]. »

Le 6 novembre la commission des finances de la Chambre, saisie d'un projet de loi du gouvernement en faveur du transfert du Soldat inconnu au Panthéon, vote un crédit de 300 000 francs mais, par la voix de son rapporteur, Charles Dumont, demande que le Soldat inconnu ne soit pas inhumé au Panthéon mais sous l'Arc de Triomphe. La commission de l'enseignement et des beaux-Arts se range à cette opinion. Deux prises de position officielles qui ne sont pas du goût du ministre de l'Instruction publique, Honorat, et de son chef de

---

1. Lettre signée du nom de Deprès Mary, lecteur parisien.
2. *L'Humanité* du 5 novembre 1920.

cabinet, Paul Léon, en charge de la direction et de l'organisation des cérémonies du 11 Novembre. La polémique enfle. Une intervention de Georges Leygues rétablit, temporairement il est vrai, le calme. Le président du Conseil, embarrassé non seulement par cette affaire mais également pour des raisons de temps, de délais, déclare que le sujet sera abordé lors du prochain Conseil des ministres, le 8 novembre, soit deux jours avant la désignation du Soldat inconnu à Verdun[1] et trois jours avant les cérémonies parisiennes. Pas de quoi réellement calmer les esprits et ramener une certaine sérénité. André Maginot, ministre des Pensions, a alors une idée qui repose sur un compromis pouvant satisfaire et les partisans du Panthéon et ceux de l'Arc de Triomphe. Il propose d'élever rapidement sous l'Arc de Triomphe un monument qui puisse accueillir la dépouille de l'Inconnu qui, au préalable, transitera par le Panthéon, le temps d'une cérémonie. Cet arrangement à ce qui devient une affaire d'État est unanimement validé par le Conseil des ministres. Maginot apparaît en quelque sorte comme le sauveur de la situation et en recueille les lauriers en endossant le costume de maître des cérémonies relatives à la désignation du Soldat inconnu à Verdun et l'acheminement de sa dépouille depuis la cité meusienne en direction de la capitale. On pense alors que le climat va gagner en sérénité. Erreur ! La polémique n'est pas terminée pour autant, bien au contraire. Les séances se déroulant à l'Assemblée nationale et au Sénat, le 8 novembre, en apportent la confirmation.

---

1. Cf. chapitre suivant.

Séance houleuse à la Chambre

La presse maintient sa pression sur les politiques autour du Soldat inconnu. Le 7 novembre à la veille de la séance à la Chambre, *L'Écho de Paris*, qui ne doute pas que les parlementaires ratifieront la décision d'inhumer l'Inconnu sous l'Arc de Triomphe, en profite pour dénigrer une fois encore le Panthéon :

« *C'est, décidément, sous l'Arc de Triomphe, que seront inhumés les restes du Soldat Inconnu qui symbolise la foule anonyme des héros obscurs dont le sacrifice a sauvé la France.*

Cette décision qui sera sûrement ratifiée par les Chambres, est certaine de rencontrer une approbation unanime dans le pays. Le principe d'un hommage solennel à la dépouille d'un soldat sans nom une fois admis, il y avait eu des divergences d'opinions sur la forme à donner à cet hommage. Les uns préconisaient la translation au Panthéon. Mais le Panthéon est consacré aux grands hommes et le Poilu Inconnu représente plus qu'un grand homme, Il symbolise tout un peuple héroïque. Et puis parmi les "grands hommes" qui dorment là, il en est certains – tel l'auteur de La Débâcle, *pour n'en citer qu'un – dont la renommée est loin d'être pure et indiscutée, dont le nom rappelle trop de dissensions politiques et à côté desquels il eût été malséant de placer les restes du Soldat français.*

En outre le Panthéon est une ancienne église désaffectée et le choix de cet édifice, pour abriter la dépouille du Soldat Inconnu, ne pouvait que blesser les sentiments de tous les catholiques.

D'autres songeaient aux Invalides. Mais là, dort déjà un grand mort dont la seule gloire suffit à emplir la vieille et illustre maison.

Il fallait un autre asile, à l'humble et sublime poilu qui, simplement, stoïquement, dans la boue sinistre des tranchées, donna son sang pour sauver la patrie.

Et l'on pensa à l'Arc de Triomphe.

Bien vite on s'aperçut que cette solution était de beaucoup la meilleure. L'Arc de Triomphe a été consacré à la gloire des Français. Le Soldat Inconnu représentant tous les soldats morts pour la gloire de la France, doit reposer sur la plus belle des collines de Paris, à l'abri de la voûte auguste qui vit déjà, le 14 juillet 1919, l'apothéose des survivants de l'épopée. [...] *Le gouvernement est également favorable* [au transfert sous le monument de l'Étoile]. *Et la Chambre, dans sa séance de demain après-midi, votera certainement à une énorme majorité le projet approuvé par les commissions.*

Le 11 novembre, l'humble et admirable poilu, magnifique et grand soldat obscur, dont l'abnégation et la vaillance ont donné à la France la victoire, recevra la commémoration nationale, grandiose dans sa simplicité, qui lui est due [1]. »

L'Intransigeant, dans son édition du lundi 8 novembre, n'est bien sûr pas en reste et son ton est moins tempéré, plus narquois. Sur deux colonnes, il publie un article intitulé « *Autour de la fête solennelle du 11 novembre de touchantes cérémonies auront lieu* », dans lequel est expliqué le programme des cérémonies qui, précise-t-on, « *ne sera pas modifié* », suivi de ces quelques lignes :

« [...] *Voilà pour le 11 novembre. Que se passera-t-il ensuite, et que fera-t-on des restes du Soldat Inconnu ? Ceci est une autre affaire...*

Le gouvernement, pour le moment, s'en désintéresse et laisse la Chambre maîtresse d'en décider. Si elle veut les Invalides pour y offrir au Soldat un asile définitif, elle le dira. Si elle préfère, comme l'a indiqué hier M. Charles Dumont, à la commission des Finances, l'Arc de Triomphe – solution d'ailleurs la plus belle car le Poilu y serait seul — la Chambre le

---

1. *L'Écho de Paris,* 7 novembre 1920.

dira aussi. Mais ce que nous croyons que le gouvernement n'acceptera pas, c'est que des diversions soient apportées à un programme déjà difficile à réaliser dans les conditions de hâte où il a été élaboré[1]. »

À la Chambre des députés, l'incendie que l'on pensait en voie « d'être maîtrisé » est prompt à se rallumer. Georges Maurisson, après avoir présenté les trois temps forts des cérémonies se tenant le 11 Novembre, à savoir les commémorations du cinquantenaire de la République, de l'Armistice et l'inhumation du Soldat inconnu, déclenche un véritable tollé de protestations et d'indignation en donnant lecture de l'article 1er du projet de loi[2] : « *Les honneurs du Panthéon seront rendus aux restes d'un des soldats non identifiés morts pour la France au champ d'honneur au cours de la guerre de 1914 à 1918.* » Des cris fusent. La voix de Léon Daudet, député monarchiste, lance un « *sous l'Arc de triomphe* » auquel répond aussitôt un « *au Panthéon* » de la bouche du député de gauche Paul Escudier[3].

---

1. *L'Intransigeant*, lundi 8 novembre 1920.
2. Projet de loi dont l'objet est « *d'ordonner la translation à Paris et le dépôt à l'Arc de triomphe des restes d'un soldat de la Grande Guerre* » (*Journal officiel* du 8 novembre 1920).
3. Pourquoi un tel désaccord sur le Panthéon ? La construction de ce monument répondait au vœu de Louis XV de glorifier la monarchie puis, après la Révolution, le monument est laïcisé et devient le Panthéon national. Au cours du XIXe siècle, il change d'affectation au gré des régimes politiques. La IIIe République en fait un édifice consacré à la mémoire des hommes illustres lors des funérailles de Victor Hugo en 1885. Le Panthéon devient une nécropole où l'histoire de France se confond avec le monde des écrivains, des généraux, des hommes politiques…, une sorte de Temple réservé aux grands hommes par la patrie reconnaissante, mais qui a accueilli dans sa crypte des célébrités de second ordre. Pour la plupart des anciens combattants de la Grande Guerre, cet endroit ne semble pas à la hauteur de l'immense symbole représenté par le Soldat inconnu. Ce dernier doit recevoir une sépulture digne non seulement de lui mais également de ses frères d'armes, une sépulture unique au monde.

Après avoir donné un avis favorable sur l'article 2 qui octroie un crédit d'un montant de 300 000 francs pour l'organisation des cérémonies du 11 Novembre, Charles Dumont, rapporteur général de la commission des finances, tient à exprimer le sentiment des « *membres* [de la commission des finances qui] *ne pouvaient que recueillir l'écho de l'opinion publique, de tous les combattants, qui demandaient que les restes du soldat inconnu, symbole de tous les sacrifices et de toutes les souffrances, fussent ensevelis dans les fondations même de l'arc de la victoire et de la gloire* [1] ». Les socialistes par la voix du député Alexandre Bracke font « *remarquer au Gouvernement et au Parlement de la République qu'ils viennent d'affirmer de nouveau ce qu'ils avaient déjà montré auparavant en essayant d'atténuer le caractère de ce qui devait être le cinquantenaire de la République, dont vous avez l'air de rougir un peu trop* [...] *Vous avez cherché, de plus en plus, à en escamoter le caractère en transformant cet anniversaire du cinquantième anniversaire de la République en anniversaire d'armistice* [...][2] ». Un discours prononcé dans le brouhaha, entrecoupé d'exclamations de désapprobation mais aussi parfois d'applaudissements émanant des députés socialistes. Ce discours reproche au gouvernement de minimiser l'événement du cinquantième anniversaire de la République à travers cette multiplicité de commémorations. Le débat à la Chambre prend alors une tournure de règlements de compte sur fond de querelles politiques droite-gauche. Il faut les interventions de deux députés, Vidal et Sangnier, pour recentrer le débat. Le parlementaire Vidal imagine la déception du Soldat inconnu s'il assistait à cette parodie de séance parlementaire :

1. *Journal officiel* du 8 novembre 1920.
2. *Ibid.*

« *Permettez-moi de vous dire avec tout mon cœur, avec toute ma sincérité que si celui que vous allez transporter demain sur l'affût d'un canon pouvait assister, de je ne sais où, à cette séance abominable [...], celui-là, quel qu'il soit, quelle que soit sa confession, à quel que parti politique, à quelle que classe sociale qu'il ait appartenu, vous aurait dit : "Je vous en prie, laissez-moi où je suis. Laissez-moi sous la terre où je suis tombé, sous la terre que j'ai défendue et sur laquelle je suis mort pour la défense des libertés sacrées, mais par pitié ne me mêlez en aucune façon à vos luttes politiques, à vos querelles intestines que j'avais crues un moment écrasées à jamais par mon suprême sacrifice"*[1]. »

Le député Sangnier ne se prive pas de souligner l'indécence des parlementaires :

« *Nous voulons célébrer le Poilu inconnu, mais nous devrions nous demander ce qu'il dirait, lui, de nos divisions politiques [...]. Il y a quelque chose d'inconvenant, lorsqu'on veut célébrer le poilu de la Grande Guerre, à se diviser entre Français et à se précipiter les uns contre les autres ; ils ont droit au respect et à la reconnaissance unanime. La manifestation que nous allons faire ne sera la manifestation d'aucun parti, d'aucune coterie, elle sera celle de la France et de la République, qui apparaît aujourd'hui comme l'expression de la France victorieuse et en marche vers la démocratie de l'avenir*[2]. »

Les propos des deux parlementaires apportent un peu de quiétude dans l'Hémicycle où le président du Conseil, Georges Leygues, s'exprime en prenant soin de dissocier les deux hommages de la République à Gambetta et au Soldat inconnu :

« *La République a formé des générations au cœur de fer, qui, après avoir fait preuve pendant la guerre*

1. *Ibid.*
2. *Ibid.*

La veillée du 13 juillet 1919 au pied du cénotaphe. Derrière des soldats, à cheval, munis de torches, femmes et enfants rendent un dernier hommage aux morts. (Dessin de Georges Scott, *L'Illustration*)

14 juillet 1919. Défilé de la Victoire et de la Paix à Paris où hommage est rendu aux combattants, aux morts comme aux vivants. Le cénotaphe, œuvre d'Antoine Sartorio, haut de 17,50 m, avait été sculpté afin d'honorer les morts de la Patrie. La nuit précédant le défilé du 14 Juillet, ce colossal cercueil vide se trouvait sous l'Arc de triomphe puis fut déplacé d'une centaine de mètres pour laisser place à la parade des troupes. (*L'Illustration*)

Au soir du 14 juillet 1919, le pèlerinage pieux des pères et des mères, des veuves et des orphelins, apportant des fleurs sur les degrés du cénotaphe, à l'angle de l'Étoile et des Champs-Élysées.
(Dessin d'après nature de J. Simont, *L'Illustration*)

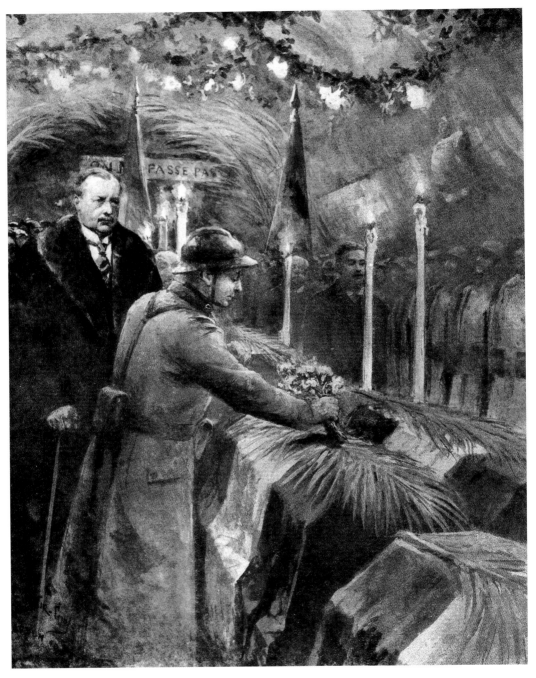

Le choix du Soldat inconnu, le 10 novembre 1920, à la citadelle de Verdun. Le soldat Auguste Thin, du 132e R.I., désigne le corps en déposant un bouquet de fleurs sur le cercueil sous le regard du ministre des Pensions, André Maginot. (*L'Illustration*)

Après avoir été désignée par le soldat Auguste Thin, le cerceuil du Soldat inconnu quitte la citadelle de Verdun pour la gare d'où il a été acheminé vers Paris. Auparavant, un hommage lui a été rendu par la municipalité verdunoise aux abords de l'hôtel de ville. (Coll. Communauté d'agglomération du Pays de Meaux)

11 novembre 1920, la France célèbre le cinquantième anniversaire de la République et honore le Soldat inconnu. Le cercueil, recouvert d'un drapeau tricolore, est porté sur un canon de 155.
(Coll. Communauté d'agglomération du Pays de Meaux)

Le cercueil du Soldat inconnu, porté par huit adjudants-chefs, monte les degrés du Panthéon, entre les groupes compacts des huit cents drapeaux de l'armée qui lui ont formé, dans le cortège, une escorte d'honneur (11 novembre 1920). (*L'Illustration*)

La cérémonie du Panthéon. Au centre des quatre faisceaux de drapeaux, le reliquaire où repose le coffret contenant le cœur de Gambetta. Le cercueil du Soldat se trouve à gauche, au bas du socle supportant le reliquaire (11 novembre 1920). (*L'Illustration*)

Le cercueil du Soldat inconnu sort du Panthéon : sur la place, le canon de 155 qui va le recevoir et le char sur lequel a été porté le cœur de Gambetta (11 novembre 1920).
(*L'Illustration*)

Les drapeaux, en provenance du Panthéon, descendant la rue Soufflot en tête du cortège qui se dirige vers l'Arc de triomphe (11 novembre 1920). (*L'Illustration*)

Le char et le canon portant respectivement le cœur de Gambetta et le cercueil du Soldat inconnu passent sous l'Arc de triomphe (11 novembre 1920). (Coll. Communauté d'agglomération du Pays de Meaux)

Descendu de la salle haute de l'Arc de triomphe, où il a été déposé le 11 novembre 1920, le cercueil du Soldat inconnu est porté, le 27 janvier 1921, à son caveau définitif, sous la voûte latérale, face à l'avenue Kléber. La dalle qui va le recouvrir portera ces mots : « Ici repose un soldat français mort pour la Patrie – 1914-1918 ». (L'Illustration)

Penchés sur l'ouverture du caveau, huit soldats descendent le cercueil. À droite, un invalide porte le coussin où sont épinglées la croix de la Légion d'honneur, la Médaille militaire et la Croix de guerre. À gauche, de profil, M. Barthou, ministre de la Guerre, qui a présidé la cérémonie (27 janvier 1921). (*L'Illustration*)

Paris, Arc de triomphe. Salle dans laquelle a été déposé le Soldat inconnu dans l'attente de son inhumation définitive. (Coll. Communauté d'agglomération du Pays de Meaux)

Paris. L'Arc de triomphe et la tombe du Soldat inconnu.
(Coll. Communauté d'agglomération du Pays de Meaux)

Le 11 novembre 1923, à 18 heures, le ministre André Maginot allume, pour la première fois, la flamme éternelle sur la tombe du Soldat inconnu.
(Coll. Communauté d'agglomération du Pays de Meaux)

À Verdun, à la nécropole du Faubourg-Pavé, sont réunies, autour d'une grande croix en pierre, les sept tombes des soldats « non choisis » par Auguste Thin le 10 novembre 1920. (Photo Jean-Pascal Soudagne)

Verdun, nécropole du Faubourg-Pavé, Trois des sept tombes des soldats qui n'ont pas été désignés pour devenir le Soldat inconnu. (Photo Jean-Pascal Soudagne)

Le corps du Soldat inconnu britannique arrive au château de Boulogne. (*L'Illustration*)

Londres, 11 novembre 1920. Au 11e coup de 11 heures, le roi George V a dévoilé le cénotaphe de Whitehall devant lequel s'est arrêté, pour quelques instants de recueillement, le cortège du Soldat inconnu britannique se rendant à Westminster. (*L'Illustration*)

Le wagon découvert, abondamment décoré, qui a transporté le Soldat inconnu italien depuis Aquilée jusqu'à Rome. (*L'Illustration*)

Le long du trajet Aquilée-Rome emprunté par le train transportant la dépouille de l'Inconnu italien, la population, agenouillée, est venue rendre un ultime hommage. (*L'Illustration*)

À Rome, le corps du Soldat inconnu italien est conduit à l'église Santa Maria degli Angeli, sur un affût de canon, et suivi, à pied, du roi, des princes et de hautes personnalités de l'État. (*L'Illustration*)

La chapelle ardente où reposa en premier lieu le corps du Soldat inconnu américain à l'hôtel de ville de Châlons-sur-Marne. (*L'Illustration*)

Le cercueil du Soldat inconnu américain arrive à l'amphithéâtre du cimetière national d'Arlington, pour la cérémonie solennelle qui va précéder la mise au tombeau le 11 novembre 1921. (*L'Illustration*)

Le roi des Belges, Albert Ier, vêtu de son uniforme, portant son casque de guerre, salue la dépouille du Soldat inconnu belge au pied de la colonne du Congrès, à Bruxelles (11 novembre 1922). (*L'Illustration*)

À Westminster, le roi George V et, derrière lui, ses fils, le prince de Galles et le duc d'York, devant le cercueil du Soldat inconnu britannique.
(Dessin réalisé pour le Daily Mail par Georges Scott, *L'Illustration*)

du plus haut courage, donnent pendant la paix l'exemple du sang-froid et de l'ordre. L'hommage à Gambetta, c'est l'hommage à celui qui ne désespéra pas de la France et affirma notre droit aux réparations de l'avenir. L'hommage au héros inconnu, inhumé sous l'Arc de triomphe, qui symbolise le dévouement absolu de la Patrie et aux grands principes, qui ont inspiré son histoire, doit rallier l'unanimité du Parlement [1]. »

À la suite de son intervention, le chef du gouvernement obtient l'unanimité des députés pour faire voter la loi suivante :

« *Article Premier. – Les honneurs du Panthéon seront rendus aux restes d'un des soldats non identifiés morts au Champ d'honneur au cours de la guerre 1914-1918. La translation des restes de ce soldat sera faite solennellement le 11 novembre 1920.*

Article 2. – Le même jour, les restes du Soldat Inconnu seront inhumés sous l'Arc de Triomphe. »

Ce même jour, le lundi 8 novembre 1920, le texte arrêté par le Conseil des ministres est adopté au Sénat, à l'unanimité, dans un climat beaucoup plus serein qu'à la Chambre des députés même si le débat relatif à l'ordre protocolaire de cette journée du 11 Novembre a eu lieu.

Le lendemain, 9 novembre, la presse fait peu d'écho de la séance de la veille à la Chambre, préférant annoncer dans son ensemble le programme des cérémonies du 11 Novembre. Toutefois, un article publié dans *L'Humanité* sous le titre « *Le soldat anonyme sera inhumé à l'Arc de Triomphe* » relate la séance des députés. Un papier qui donne une idée de la tension :

---

1. Charles Vilain, *Le Soldat inconnu, histoire et culte*, Maurice d'Hartoy, 1933.

« *Comment fut-il accueilli*[1] *! Mais on sait qu'il ne se trouble pas aisément et il fit front tout le temps qu'il parla gaillardement.*

– Mes amis et moi, dit-il nous voterons les crédits mais je veux dénoncer ce gouvernement qui, rougissant de la République, transforme la célébration de son cinquantenaire en une fête militaire...

Les droites hurlaient de fureur. M. Daudet, un certain Kempf et le baron du Lyons de Feuchins se distinguaient. Le président Péret faisait effort pour que le droit de parler de Bracke fut réglementairement respecté.

– Non ! Non ! braillait en chœur la majorité. Mais Bracke disait quand même :

– Le rapporteur, M. Maurisson, n'a-t-il pas parlé des oubliés, des sacrifiés ? Justement vous allez abriter les états-majors vivants derrière le cadavre d'un soldat ...

Je renonce vraiment à vous décrire ce qui s'ensuivit. Sachez que ce ne fut pas beau. Mais sachez aussi que Bracke ne s'en troubla point, moins que M. Péret qui tira son chapeau de dessous sa table pour s'en couvrir, mais l'y remit. Bracke disait :

– C'est une hypocrisie de plus que d'avoir voulu associer les véritables combattants, ceux qui ont gagné la guerre, à l'hommage que vous avez inventé pour ne pas fêter le cinquantenaire de la République, nous savons tous sous quelles menaces...

Et notre camarade, après avoir ainsi dénoncé le fond des intentions du gouvernement, et de la majorité, dit quel droit, au contraire, avaient les socialistes d'honorer la victime d'une guerre conduite comme elle le fut et conclue par un traité plein de germes de conflits.

---

1. Le socialiste Alexandre Bracke lors de sa prise de parole.

Le chahu reprit contre M. Ferdinand Buisson qui proposait que le soldat inconnu fût conduit au Panthéon et non pas à l'Étoile. M. Daudet en était furieux, "Il y a Zola au Panthéon ! gueulait-il, il le salit" ; et il gueulait encore : "Allez raconter vos histoires dans les loges" ; M. Buisson tenait bien courageusement et justifiait sa proposition. Comme il allait terminer, MM. Daudet et Baudry d'Asson demandèrent simultanément la parole. Mais le premier y renonça. Quant au second, à peine fut-il à la tribune que les gauches lui firent un beau chahut de représailles. Mais alors M. Péret se fâcha, tout spécialement contre les socialistes, ce qui est coutumier aux présidents. Ernest Lafont engagea avec lui un dialogue véhément dont les termes se perdaient dans le bruit. M Péret joua une seconde fois de son chapeau ; à la troisième, il s'en coiffa et la séance fut suspendue ;

À la reprise M. Baudry d'Asson put parler – pour ne rien dire, à son habitude. Puis M. Leygues prit la parole. Un discours, bref, républicain ; des r roulaient, la voix grondait. Ce fut un succès de tribune – remporté sur M. Buisson, qui retira sa proposition[1]. »

Dans cette même édition du quotidien socialiste, Marcel Cachin sous le titre « *Orage de rentrée* » livre son sentiment sur ce débat à la Chambre le 8 novembre : « *Hier, séance à la Chambre ! Quel spectacle ! Cris, vociférations, injures, tohu-bohu, impossibilité de percevoir un argument dans le déchaînement du tumulte intense. On aurait pu se croire transporté en je ne sais quelle assemblée de délirants ou d'irresponsables.*

Pour l'homme de la rue qui entre en cette maison et assiste à un meeting de cette sorte, quelle impression d'écœurement n'en doit-il pas retenir ? Est-ce là

---

1. *L'Humanité* du mardi 9 novembre 1920.

la représentation de la France ? [...] Durant les rares intervalles où le chahut diminua de violence, on entendit les délégations du royalisme, de la grande Banque, des Profiteurs de la Mort, puis pour le bouquet, un Mandel, qui se disputaient sans pudeur la dépouille du malheureux Poilu arraché par eux à son sommeil éternel. Ah ! S'il avait été là, le Poilu, de quel mépris n'eût-il pas été envahi à la vue de cette cohue uniquement occupée de l'exploitation politique de son sacrifice[1] *! »*

Le mardi 9 novembre, au lendemain de cette houleuse journée à l'Assemblée nationale, le président de la République entouré du ministre de l'Instruction publique, André Honorat, et du sous-secrétaire d'État à la présidence du Conseil, Charles Reibel, arrête d'une part un nouvel itinéraire pour les cérémonies du 11 Novembre et décide, d'autre part, qu'un hommage de portée identique sera rendu au Soldat inconnu et au cœur de Gambetta.

Dans son édition du 10 décembre, *L'Action française* publie un article consacré aux cérémonies du 11 Novembre :

« *Pour la quatrième fois (ou cinquième ?), le programme est bouleversé. Il concilie les vœux des chambres et le projet ministériel de lundi matin, fait partir de Denfert-Rochereau et conduit Gambetta à l'Arc de Triomphe, en passant par le Panthéon, où aura lieu la cérémonie principale, Gambetta et le Soldat restant exposés sous la voûte de l'Arc. Là nul discours, et, le soir, le cœur du tribun est ramené sans cérémonie spéciale au Panthéon. Telles sont les grandes lignes de ce projet, qu'on semble pouvoir espérer définitif [...]*

Ce n'est pas dans la vieille et poussiéreuse gare de Sceaux, mais dans deux chapelles ardentes dressées

1. *Ibid.*

face au Lion de Belfort que, arrivés dans la nuit, le cœur de Gambetta et le corps du Soldat attendront, le premier accompagné par les quatre ministres et les vétérans qui seront allés le quérir, le second par une escorte de vétérans et de mutilés.

À 8 h 45, le cortège, tel qu'il eût été formé porte Maillot, se mettra en marche par la rue Denfert-Rochereau, l'avenue de l'Observatoire, le boulevard Saint-Michel […]. On arrivera au Panthéon à 9 h 30 […].

Au Panthéon, on trouvera, attendant comme ils eussent attendu à l'Arc de Triomphe, le chef de l'État, les ministres, les bureaux des Chambres, les anciens présidents, les maréchaux, etc. Le cercueil et l'urne entreront-ils ? C'est peu probable, M. Millerand prononcera son discours à l'extérieur.

À 10 h 30, on repartira […] par les boulevards Saint-Michel, Saint-Germain, la Concorde […], les Champs-Élysées, on fera à l'envers l'ancien trajet prévu. On compte atteindre l'Étoile à midi 15.

Les deux dépouilles funèbres seront placées côte à côte sous l'Arc. On rendra les honneurs et la cérémonie sera finie.

L'après-midi, défilé de la population devant l'Arc de Triomphe, et dans la soirée, tandis que le cœur de Gambetta gagnera le Panthéon, le cercueil du Soldat sera transporté dans la salle qui se trouve au-dessus de la voûte[1]. »

Un programme qui n'évite ni le ton ni les appréciations sarcastiques du rédacteur de l'article…

---

1. *L'Action française,* 10 novembre 1920.

LA DÉSIGNATION DU SOLDAT INCONNU À VERDUN

> « *Suprême hommage, le plus splendide que la France ait jamais rendu à l'un de ses enfants, mais qui n'est pas trop grand pour celui qui symbolise la vaillance française dont le sacrifice anonyme a sauvé la patrie, le droit et la liberté.* »
>
> André Maginot

« *[...] pour que le soldat qu'on honore reste réellement inconnu, pour que la piété des familles puisse se reporter sur lui, il faut que chacun puisse ignorer le lieu, le point précis où ont été recueillis les restes [...].*

L'Angleterre qui, on le sait, nous a emprunté notre idée de l'hommage, s'est souciée de rendre impossible une indiscrétion quelconque, elle a en conséquence exigé de l'officier qui dirigera les travaux de l'exhumation un engagement d'honneur d'en garder le secret jusqu'à son lit de mort ; les hommes qui procéderont à plusieurs exhumations en ignoreront la destination.

L'Intransigeant avait présenté de son côté une autre suggestion ;

Le secret ne pourrait être à notre avis assuré que de la façon suivante : Dix équipes iraient en automobile sur dix points fixés par l'autorité militaire, recueillir dans un des cimetières de la ligne de feu les restes d'un soldat sans nom.

Les bières seraient rapportées et déposées à la chapelle des Invalides où la Ligue des chefs de section et des anciens combattants a réclamé l'honneur de les veiller toute la nuit.

Au jour de la cérémonie, le chef de l'État ou le président du Conseil allant rendre hommage à ces morts en désignerait un, au hasard, pour être transporté au Panthéon.

Ainsi serait assuré rigoureusement le secret le plus absolu, puisqu'aucun des hommes qui iraient participer aux recherches ne serait admis à connaître le sort de celui des soldats qu'ils auraient ramenés et puisque le chef de l'État lui-même n'en pourrait connaître l'origine.

Bien entendu les neuf bières qui ne monteraient pas au Panthéon seraient inhumées dans un des cimetières de la région parisienne et spécialement honorées[1]. »

En ce 3 novembre 1921, alors que rien n'est arrêté en ce qui concerne le lieu d'inhumation du Soldat inconnu, que l'Assemblée nationale et le Sénat n'ont pas encore été saisis du projet de loi autorisant le transfert et l'inhumation des restes d'un Anonyme dans un endroit qui, à ce moment précis, est le Panthéon, *L'Intransigeant* émet une proposition afin que ce combattant, auquel hommage sera rendu, demeure inconnu. Ce même jour, cette préoccupation est également celle du ministre des Pensions, André Maginot, ancien combattant qui, devant des journalistes, se prononce sur ce sujet :

1. *L'Intransigeant*, 3 novembre 1920.

« *Pour le choix du corps qui sera transporté au Panthéon, notre principale préoccupation est d'assurer de la façon la plus complète l'anonymat de telle sorte que les familles qui ont eu la douleur d'avoir un de leur membre perdu à la guerre, sans qu'il ait pu être identifié, puissent toujours rester en droit de supposer que l'être qui leur est cher fait l'objet de ce suprême hommage.*

Voici donc les dispositions qui ont été prises : l'ancienne zone des armées se trouve actuellement divisée en neuf régions de champs de bataille, y compris la Belgique. Des ordres ont été envoyés aujourd'hui même aux commandants de ces régions pour faire exhumer dans un endroit, désigné par eux et tenu secret, le corps d'un soldat identifié comme Français, mais dont l'identité personnelle n'aura pu être établie. Chaque corps, ainsi exhumé, sera déposé dans un cercueil de chêne et transporté en automobile à la citadelle de Verdun.

Mardi prochain, 9 novembre, à 6 heures du soir, neuf cercueils, contenant autant de corps anonymes, pris sur les différents points de l'immense champ de bataille, se trouveront réunis en ce point symbolique. Une veillée d'armes y sera organisée, et, dans la journée de mercredi, je me rendrai moi-même à Verdun pour la cérémonie du choix définitif du héros inconnu.

Je ferai réunir, en présence des neuf cercueils, une compagnie d'infanterie sélectionnée, et composée uniquement d'anciens combattants de la Grande Guerre. Je ferai sortir du rang un soldat pris au hasard et qui désignera le cercueil. Celui-ci sera amené ensuite à Paris[1]. »

Ordre est donné aux généraux commandant les neuf régions militaires « *de l'ancienne zone des*

---

1. Charles Vilain, *Le Soldat inconnu, histoire et culte*, Maurice d'Hartoy, 1933.

armées » de procéder à l'exhumation, dans un lieu par eux désigné, du corps d'un soldat identifié comme étant un combattant français. L'ordre est scrupuleusement notifié mais sur les neuf corps réclamés par le ministre, seuls huit corps sont exhumés. Le neuvième, en provenance d'une des régions militaires, est sujet à une exactitude. La presse, là encore, se saisit de ce malencontreux coup du sort et tente d'apporter une explication à cette absence d'un des corps. En règle générale, il subsiste un doute quant à la nationalité du soldat :

« [...] *Il n'y a que huit cercueils. L'exhumation de ceux entre qui sera pris le combattant anonyme dont la dépouille demain conférera à l'Arc de Triomphe la souveraine majesté d'un tombeau a été entourée, en effet, des plus scrupuleuses garanties. Or dans ce secteur de guerre où furent menées les recherches il a été impossible d'identifier avec certitude un corps français intact et sans nom*[1]. »

Ces corps inconnus sont exhumés des champs de bataille du front occidental en provenance de l'Artois, de la Somme, de l'Île-de-France (batailles de la Marne), du Chemin des Dames, de la Champagne, de la Lorraine, des Flandres. Les précautions réclamées quant à l'exhumation de ces corps, sur les différents lieux de combat, ont été respectées à la lettre, il n'existe pas de témoignages sur cette procédure, mis à part celui de Roland Dorgelès qui a peut-être pu être présent sur le champ de bataille de Verdun lors de l'exhumation de l'un des huit Inconnus ou bien a rencontré un témoin direct. Néanmoins il raconte l'une des exhumations :

« *C'est là que samedi, à la fin du jour, on a exhumé l'Inconnu de Verdun. Celui peut-être qui franchira les portes de Paris. L'officier supérieur qui*

---

1. *Le Journal*, 10 novembre 1920.

dirigeait les recherches avait précédemment fait déterrer dix corps, mais chaque fois un scrupule l'avait retenu. La crainte qu'un détail d'uniforme, un écusson encore visible, ne permît de reconnaître une arme ou un régiment. On écarta ainsi deux tirailleurs indigènes facilement identifiables, puis un soldat possédant un briquet, cette simple identification circonscrivant les conjectures. Ensuite, deux corps de fantassins furent sauvés du charnier, grâce à leur plaque individuelle. Enfin on a ouvert cette onzième tombe, où reposait un soldat que rien ne permettait de distinguer mais dont on était sûr que c'était bien un Français. Des guêtres basses, une capote bleu horizon : probablement un tué de 1916. Son cercueil, porté par quatre hommes, a suivi la piste que je viens de prendre et a rejoint la route par où je suis arrivé. Le cortège – un camion militaire, suivi de deux voitures – a passé devant l'Ossuaire de Douaumont, caserne des morts, il a longé le cimetière de Fleury – encore cinq mille tombes – puis celui du Faubourg Pavé – sept mille tombes – sans compter les croix innombrables qui font signe du haut des talus, et le Messager de Verdun a retrouvé à la citadelle les envoyés de Craonne et de l'Yser, de Notre-Dame-de-Lorette, et de Harmantzwiller, de Tahure et de Vauquois, de tous ces lieux tragiques où le sang a coulé[1]. »

Cet écrit montre l'inquiétude, la crainte éprouvée par les officiers qui conduisent ces recherches : se trouver en présence d'un soldat réellement inconnu qu'aucun détail ne peut permettre d'identifier mais, surtout et impérativement, être sûr et certain de sa nationalité française. En cas de doute sur ce critère déterminant, l'officier préfère ne pas retenir ce corps et poursuivre ses recherches en procédant à l'examen d'une autre dépouille. Autre point non négligeable à souligner qui apparaît à la

---

1. Roland Dorgelès, *Bleu horizon*, Albin Michel, 1949.

lecture de ces lignes de Roland Dorgelès : la recherche d'une dépouille inconnue permet d'identifier deux soldats français grâce à leurs plaques d'identité. Une preuve qu'en 1920, on peut encore retrouver des corps et leur identité...

Le 8 novembre, la presse nationale communique le programme des cérémonies qui ont lieu autour de la désignation du Soldat inconnu à Verdun :

« *M. Maginot part demain matin* [le 9 novembre] *à 7 h 35, en train spécial, accompagné de cinq veuves, cinq mutilés, cinq combattants, cinq vétérans de 70.*

[...] M. Maginot déclare qu'il arrivera à Verdun à midi et demi et qu'il sera reçu par la municipalité, laquelle a arrêté un grand programme d'hommage au Soldat Inconnu, et à ses huit camarades exhumés. Il y aura défilé de la population devant la chapelle ardente ornée de trophée de guerre, où les neuf cercueils seront déposés.

La médaille de Verdun sera déposée sur le cercueil désigné pour le transfert à Paris.

La municipalité verdunoise s'est chargée aussi de la délicate question de la reconduite au cimetière du Faubourg-Pavé, des huit cercueils non désignés. Ils seront déposés au centre de cette vaste et tragique nécropole, là où l'on projette l'érection du monument.

Sur le cercueil du Soldat inconnu sera fixée cette plaque : Le Soldat français.

Aucun discours ne sera prononcé. C'est à la gare de la ceinture "Porte-Maillot" et non "Bois-de-Boulogne", que le corps sera déposé[1]. »

Les esprits tournés vers la désignation du Soldat inconnu et de son transfert vers Paris, peu de monde se soucie de savoir ce qu'il est prévu pour les autres cercueils acheminés à Verdun et qui ne seront pas désignés. Ils reposeront donc dans l'un des cimetières de la cité meusienne, celui du Fau-

---

1. *L'Action française*, 8 novembre 1920.

bourg-Pavé, leur dernière demeure. Une décision d'André Maginot qui s'en était, en ces termes, expliqué :

« *Une objection m'avait été présentée par certaines familles de disparus : "nous savions approximativement, disaient-elles, dans quelle région est tombé celui que nous pleurons. Si, après le choix fait à Verdun, vous ne renvoyez pas les huit autres corps à leur lieu de repos primitif, l'illusion, qui nous reste de nous arrêter peut-être sur un être cher, s'envolera." Cet argument m'avait un peu ébranlé. Cependant, si nous nous rangions au désir légitime de ces familles, l'anonymat ne serait plus respecté et l'on pourrait facilement découvrir de quel secteur du front le neuvième cercueil aurait été exhumé. En effet, si ces huit cercueils étaient renvoyés dans leurs secteurs respectifs, on risquerait fort de dévoiler de quel secteur du front a été exhumé le neuvième cercueil, celui du Panthéon*[1]. »

Le 10 novembre 1920, *L'Action française* publie ces quelques lignes :

« *Les neuf cercueils parmi lesquels sera choisi celui que Paris saluera, ont été déposés à la chapelle ardente de la citadelle* [de Verdun]. *On y parvient par un étroit couloir tapissé de nos trois couleurs. Au fond sont exposées les décorations de la ville de Verdun.*

À chaque arrivée, les artilleurs présentent les armées et le commandant Lespinasse commandant la citadelle prononce ces paroles :

"Au nom du Soldat inconnu qui vient séjourner provisoirement dans la citadelle de Verdun et qui reposera au Panthéon, au nom de tous les soldats inconnus qui reposent sur les champs de bataille, ouvrez le ban", puis "fermez le ban !"

---

1. Gérard Fonck, *op. cit.*

Les cierges étaient fichés dans les culots d'obus. L'aspect était grave, essentiellement guerrier et glorieux. La population de Verdun a défilé pendant toute la matinée. Monsieur Maginot est attendu pour aujourd'hui [1]. »

Hélas, il n'y a pas neuf cercueils a être acheminés vers Verdun mais bel et bien huit. De plus, une fois désigné, l'Inconnu « *reposera au Panthéon* » alors qu'une séance à la Chambre deux jours plus tôt a validé le fait que la dernière demeure de ce héros soit l'Arc de Triomphe...

Une fois parvenus à Verdun, les huit cercueils sont acheminés vers la citadelle. Là, devant l'écoute n° 1, les honneurs leur sont rendus par les hommes de deux compagnies du 132e régiment d'infanterie avant que les huit bières ne soient installées dans une galerie de la citadelle transformée en chapelle ardente.

Cette dernière se trouve dans la casemate qui servit pendant la guerre de salle de cinéma et de salle des fêtes. On y accède donc par le poste d'écoute numéro 1. L'entrée en est pavoisée de drapeaux et des canons français et ennemis viennent, par leur présence, rappeler le nombre de morts et d'inconnus que leur doit la Grande Guerre. Dans le boyau où ont été reçus la reine de Roumanie et le roi Alphonse XIII et où le président Poincaré a glorifié Verdun, une décoration à la fois simple et charmante, faite de drapeaux et de branches, orne les murs. Des lampes électriques sont dissimulées sous des branchages et des voiles de tulle. Dans la casemate, huit cercueils sont disposés. Deux d'abord : l'un à côté de l'autre. Ensuite trois ; puis encore trois. Devant les cercueils, deux soldats et un sous-officier au garde-à-vous, statufiés, montent la garde, leurs sabres scintillent de mille feux sous

---

1. *L'Action Française*, 10 novembre 1920.

l'éclairage. Derrière les derniers cercueils sont deux autres soldats. « *La garde est fournie par le 25ᵉ d'artillerie et est composée de jeunes soldats n'ayant pas fait campagne qui veillent leurs aînés glorieux, et que la postérité n'oubliera pas* [1]. »

Sur les murs de la casemate, figure cette inscription, ô combien historique, symbolisant l'abnégation et la vaillance des combattants français : « On ne passe pas ! » Des mains pieuses souhaitant à leur manière rendre hommage à ces valeureux combattants ont déposé des fleurs, beaucoup de fleurs, tout comme la ville de Verdun et les autorités militaires ont fait déposer gerbes et couronnes. L'atmosphère qui se dégage inspire la piété et le recueillement. À l'aube du 10 novembre, « *les huit cercueils disparaissaient sous les amoncellements de fleurs apportées dans la nuit par les pèlerins anonymes. Il est 7 heures lorsque je visite la chapelle ardente,* précise l'envoyé spécial du quotidien L'Intransigeant, *et, déjà, des femmes sont là qui prient, puis arrangent les plis du drapeau avec des gestes pieux et disposent avec goût les fleurs. L'évêque de Verdun est venu déjà hier saluer les morts et, depuis, sans arrêt, la population défile.*

À 8 heures ce matin, les enfants de toutes les écoles publiques et libres de filles et garçons, conduits par leurs maîtres, sont venus défiler devant l'émouvant catafalque.

À 9 heures, Monseigneur Ginesty, évêque de Verdun, en cape noire, et deux de ses vicaires généraux ont pris place dans la chapelle ardente et ils sont demeurés une demi-heure en prière devant les corps.

Verdun célèbre cette veillée comme une fête solennelle qui lui est due en juste hommage national [2] ».

1. *L'Intransigeant*, 11 novembre 1920.
2. *Ibid.*

Nul autre cadre ne convient mieux à cette cérémonie que la forteresse inviolée de Verdun dont « *ceux de Verdun* » ont brisé les plus furieux assauts, sont parvenus à annihiler la volonté de l'ennemi de conquérir la cité meusienne comme pour mieux affaiblir, bafouer la France. Verdun symbole de la résistance française où les poilus ont probablement, pour la première fois, fait douter l'ennemi de sa possible victoire.

En fin de matinée, ce 10 novembre 1920, les huit cercueils de chêne, recouverts du drapeau français, sont alignés. L'un d'eux sera désigné pour représenter les Anonymes, les Inconnus, qui ont donné leur vie pour leur pays, la France. Un seul sera l'élu, « *huit candidats à la reconnaissance éternelle ou à l'éternel oubli* », écrit le reporter de *L'Illustration*[1].

« *Le ministre Maginot et quelques députés, blessés de guerre arrivent par train spécial à 11 h 55. Ils sont salués par le sous-préfet, le maire et le conseil municipal, le général de division Boichut et M. Lecourtier, député de la Meuse.*

Le ministre passe au front des troupes et se rend au "Coq Hardi" où a lieu un simple déjeuner pris en corps.

À 2 heures, le ministre se rend à la citadelle. Le service d'ordre est imposant et devant l'entrée du bastion une garde d'honneur est composée d'un piquet du 25ᵉ d'artillerie et d'une compagnie du 132ᵉ d'infanterie avec drapeau et musique[2]. » À l'arrivée du ministre et de sa délégation à la citadelle, tout est prêt pour que soit procédé à la désignation du Soldat inconnu. Une compagnie du 132ᵉ d'infanterie est alignée le long du mur. Le ministre, en appui sur ses deux cannes, la passe en revue. Puis,

1. *L'Illustration*, 11 novembre 1920.
2. *L'Intransigeant*, 11 novembre 1920.

accompagné d'un autre membre du gouvernement, mutilé comme lui, de députés combattants, du gouverneur de la place et de l'évêque de Verdun ainsi que de veuves et de mutilés, s'arrête devant un jeune soldat, au garde-à-vous, Auguste Thin[1], lui remet un bouquet de fleurs rouges et blanches – des œillets – et prononce ces paroles :

« *Soldat, voici un bouquet de fleurs cueillies sur les champs de bataille de Verdun, parmi les tombes de tant de héros inconnus. Ce bouquet, vous allez le déposer sur un des cercueils. Ce cercueil sera celui du Soldat que le peuple accompagnera demain du Panthéon à l'Arc de Triomphe. Suprême hommage, le plus splendide que la France ait jamais rendu à l'un de ses enfants, mais qui n'est pas trop grand pour celui qui symbolise la vaillance française dont le sacrifice anonyme a sauvé la patrie, le droit et la liberté*[2]. » Après cette allocution du ministre, le jeune soldat prend les fleurs et sort du rang. Est-il réellement conscient de l'importance du moment ? Comment du reste peut-il l'être au sortir de cette guerre si consommatrice de vies humaines ? Comment être conscient qu'un tel moment entre dans l'histoire nationale alors que son pays a vécu durant quatre ans des heures si pesantes d'incertitude, de peine, de pleurs ? Gravement, lentement, Auguste Thin parcourt la galerie. L'instant est grave, solennel. Les officiels présents à cette cérémonie sentent leur cœur battre à tout rompre, leurs poitrines se compriment. L'émotion est à son comble. Auguste Thin s'arrête devant le cercueil placé à gauche du troisième catafalque et y dépose son bouquet. Sous les voûtes de la citadelle, retentit alors *La Marseillaise*, l'hymne

---

1. Suivant les articles que l'on consulte, l'orthographe du nom du soldat à qui revient la lourde charge de désigner le Soldat inconnu est différente. On la trouve écrite Thin ou Thain.
2. Léo Larguier, *Le Soldat inconnu*, librairie Plon, 1939.

national. Le Soldat inconnu est à présent désigné... Le choix est fait. La nouvelle parvient sans aucun doute à la foule, présente en nombre à l'extérieur et dans l'attente de ce dénouement. Qu'y a-t-il de plus à savoir ? Rien ! Un inconnu parmi huit morts sans nom a été désigné. Malgré l'importance solennelle de cette désignation, malgré la symbolique, il reste hélas un soldat anonyme, inconnu mort au front. Malheureusement il demeurera quelque part en France une famille qui ne saura jamais où est tombé le sien, où il est inhumé, dans une tombe individuelle ou dans une fosse commune... La cérémonie a été empreinte d'émotion comme l'a souligné René Le Gentil :

« Une profonde émotion nous étreignit à la gorge. Sur mon bras gauche je sentis une main qui se crispait : c'est celle d'un camarade que je n'osais même pas regarder parce que les larmes mouillaient mes propres yeux [1]. *»*

Le cercueil désigné sur lequel est apposée une plaque portant l'inscription « *Le Soldat français* » est alors emporté hors de la citadelle puis déposé sur un affût de canon de 75 tiré par un attelage de chevaux. Auguste Thin, avec les soldats de sa compagnie, suit le cortège funèbre jusqu'à la gare, traversant les rues de la ville qui, par endroit, présentent encore les stigmates de la guerre. Devant l'hôtel de ville, le maire épingle sur la bière la médaille de la ville et prononce un bref discours qu'il conclut de ces quelques mots :

« *Va, petit soldat de France, tu emportes dans ta gloire un peu de l'air de nos champs de bataille tout saignant encore du sang de tes frères et peut-être du tien.* » Trois couronnes de fleurs sont alors déposées sur le cercueil, l'une au nom de la ville de Verdun, la

---

1. Olivier Di Scala, *Le Soldat inconnu et la flamme sacrée sous l'Arc de triomphe*, La Charte, 2003.

seconde au nom des anciens combattants et la troisième au nom de la garnison de la ville.

« *Le cortège reprend sa marche, les cloches de toutes les églises sonnent à la volée, la musique joue* La Marche héroïque *et, au milieu d'une foule recueillie et nombreuse, le soldat anonyme est conduit sur un canon de 75 vers la gare, escorté des troupes de garnison, des sociétés d'anciens militaires et suivi de toute la population.*

À 5 heures 30, tandis que toutes les mères, toutes les veuves, tous les enfants de ceux qui sont morts pour la patrie s'inclinent respectueusement, le train lentement quitte la ville où se dépensa le plus d'héroïsme dans l'histoire de France[1]. »

Ont pris place dans ce train spécial les ministres, les députés anciens combattants et les officiels qui ont pu assister à la cérémonie. La dépouille du Soldat inconnu est en route pour la capitale dont elle est vouée à devenir un symbole national…

Auguste Thin et la désignation du Soldat inconnu

Un soldat de deuxième classe, Auguste Thin, a donc été choisi par le ministre des Pensions, André Maginot, pour désigner le Soldat inconnu en la citadelle de Verdun. Qui est-il ? Il est né le 12 juillet 1899 et appartenait donc à la classe 19. Le 3 janvier 1918, il décide de s'engager pour trois ans. « *À l'époque,* expliquait Auguste Thin[2], *les Allemands menaçaient à nouveau Paris et cela m'était intolérable. J'étais patriote […] et je voulais faire quelque chose pour mon pays. Je voulais être en première ligne et c'est pourquoi je me suis engagé dans l'infanterie. Mais avant de me battre contre les Allemands*

---

1. *L'Intransigeant*, 11 novembre 1920.
2. Au lieutenant-colonel Guy Baldini qui l'interviewait.

j'ai dû me battre, si je puis dire, contre mon père. En effet, nous étions sans nouvelles de mon frère aîné et mon père ne voyait pas d'un bon œil mon engagement. Il faisait donc traîner les choses en longueur, il trouvait toujours des excuses pour différer son consentement si bien qu'un jour, malgré tout le respect que j'éprouvais pour lui, je lui ai dit : "Si vous ne voulez pas me donner votre accord, je me débrouillerai bien pour partir quand même." Il a enfin cédé et je suis parti faire mes classes au 119ᵉ R.I. à Lisieux puis j'ai été affecté au 234ᵉ R.I. avec lequel je suis monté au front en Champagne et j'ai participé comme mitrailleur à l'offensive du mois de septembre qui nous a menés jusqu'à Château-Porcien. À la fin de la guerre, j'étais en Alsace et mon régiment a été le premier à entrer à Mulhouse[1]. »

Le 10 novembre 1920, Auguste Thin se trouve avec son régiment, le 132ᵉ R.I., à Verdun. Pour désigner le cercueil du Soldat inconnu, on songe tout d'abord à une veuve de guerre puis à un pupille de la nation. Enfin, il est décidé que cette tâche sera effectuée par un soldat, un frère d'armes, un combattant de deuxième classe qui a fait la Grande Guerre. Auguste Thin remplit parfaitement cette condition et comme « *j'étais parmi les plus jeunes, le choix s'est porté sur moi*[2] ». Un bouquet d'œillets, rouges et blancs, remis par le ministre des Pensions doit être déposé sur le cercueil choisi par Auguste Thin pour désigner la bière du Soldat inconnu. « *Les huit cercueils étaient alignés deux par deux, comme les boutons d'une capote. J'étais très ému [...] et je me demandais comment choisir. Alors mon regard s'est posé à ce moment-là sur les écussons de mon col : 132. Le total de ces trois chiffres*

---

1. Interview d'Auguste Thin publiée dans le *Magazine TAM Terre Air Mer* du 26 novembre 1981.
2. *Ibid.*

faisait six et en plus, le 132ᵉ appartenait au 6ᵉ corps d'armée. J'ai donc décidé de désigner le sixième cercueil. J'ai fait un premier tour, mais je n'ai pas déposé mon bouquet, c'était ma façon à moi de rendre hommage à tous ces morts et ce n'est qu'au second tour que je l'ai déposé sur le sixième cercueil. Aussitôt, on a fixé dessus une plaque portant juste ces mots : "Le Soldat français" [1]. »

Au Soldat inconnu

Le lendemain, 11 novembre 1920, jour de commémorations, la presse ouvre ses colonnes au Soldat inconnu. Le « spectacle macabre » est dénoncé par *L'Humanité* pour qui, désormais, il n'y a pas que les « *hyènes qui déterrent les cadavres* » :

« *Soldat ! Soldat mort ! Soldat inconnu ! Par trois fois tu es nôtre.*

Qui que tu sois, Camarade, ouvrier, paysan, employé, catholique ou juif, protestant, franc-maçon, athée, ta religion c'est la nôtre : celle des instruments anonymes que nous sommes aux mains de bénéficiaires sans honneur, celle des hommes dont on profite, jusqu'à la mort... et même au-delà !

Ton pauvre corps, ami, que le grand repos avait accueilli, a été profané, et ils ont pu écorcher le peu de terre qui était bien tien, pourtant, et où tu te résignais à ton sommeil d'homme jeune mort pour et par les vieux...

Sans respect, sans pudeur, sans honte, ils ont osé t'arracher douloureux et froid à la compagnie de tes frères martyrisés par millions, et ta destinée funeste et dérisoire est de fournir le spectacle macabre où se complairont celles et ceux qui vécurent et vivent de ta mort...

1. *Ibid.*

Les hyènes, aussi, déterrent les cadavres ; c'est du moins pour s'en nourrir, et leur rire lugubre est moins sinistre et moins féroce que la tristesse fausse de ceux qui te doivent galons et argent, et rubans, et honneurs, et gloire[1] *!* »

L'Action française de son côté s'interroge sur l'identité du Soldat inconnu, les épreuves qu'il a traversées, les lieux où il a combattu :

« *Le mystère te donne toute grandeur. Sur ton passage aujourd'hui, demain sur ta tombe illustre, ô soldat sans nom, chacun rêvera et s'interrogera en évoquant une vision de son cœur.*

Es-tu le soldat de la mobilisation, celui de l'active ou de la réserve, le jeune Français à qui les idées du siècle n'avaient enseigné que l'amour de la vie, et qui partit, parmi les chants et les cortèges, vers le grand devoir brusquement apparu et qui te faisait accepter la mort ?

Es-tu tombé au soir de Charleroi ou sur les routes de la Retraite avec la douloureuse déception de tes premiers espoirs ? Es-tu le soldat de la Marne, raidi à son poste de combat, vainqueur qui n'aura pas su la victoire qui sauvait la France et le monde ?

Es-tu le soldat des tranchées ? As-tu connu cette épreuve non prévue et à laquelle tu étais si peu préparé : la station pendant des mois et des mois dans le froid, la boue, les poux, attendant ton tour de rester, une nuit de patrouille, étendu sur le bled, ou, un jour d'attaque écrasé par un obus au coin d'un boyau ! As-tu été enseveli dans les sables de l'Yser, ou bien es-tu mon camarade d'Argonne, rendu méconnaissable par la mine ou la torpille ?

As-tu été frappé à l'attaque, dans une de ces offensives qu'animait le mirage de la fin victorieuse de nos misères ? Avec notre Montesquiou, avec notre Henri Lagrange, faisais-tu partie des vagues d'assaut

---

1. *L'Humanité*, 11 novembre 1920.

en Champagne, au 25 septembre 1915 ? T'a-t-on choisi dans cette ligne de tirailleurs que j'ai pu voir encore, au printemps suivant, couchée devant les fils de fer d'Aubérive, gardant, dans la mort, son impeccable alignement jusqu'à l'horizon ?

Es-tu le défenseur de Verdun, celui qui, accroché au sol bouleversé, sous la tempête d'apocalypse, l'a maintenu nôtre jusqu'à ce que l'ouragan eût éteint la dernière flamme de la vie ? Étais-tu l'inlassable assaillant de la Somme qui revenait avec une carapace de boue ? Étais-tu parmi les petits gars que j'ai vus, sur l'Aisne, gagner leurs positions la veille du 16 avril ? Au rassemblement, le soir, sous la pluie qui commençait et qui devait tomber, avec les obus toute la nuit, on nous lisait l'ordre du jour du général […]

Es-tu, Camarade inconnu, le soldat de la première partie de la guerre, que troublait parfois, sans le retenir, le souvenir de sa vie civile ? Étais-tu mon camarade territorial qui pensait à sa femme, à ses enfants, à son champ ? Étais-tu le poilu un peu romantique des débuts qui se montrait fier de sa crasse et de sa boue, avec lesquelles arrivant en permission, il regardait de plus haut les embusqués ? – Ou bien étais-tu le soldat de 1918, celui de Foch et de Mangin, qui ne se souvenait plus d'avoir été autre chose que soldat, qui était content avec du pinard et des permes, et qui, sitôt au repos, se faisait propre et élégant en cousant à sa veste des poches et des écussons de fantaisie ? Tu acceptais l'heure, quelle qu'elle fût, libéré de toute crainte, te jetant sur l'ennemi avec une haine un peu féroce, et tu étais arrivé à penser, pour ce qui était de toi, que la mort, c'est ça la vie. Mais tu es mort dans l'ivresse de la Victoire !

Étais-tu gars de Bretagne ou gars de ch'Nord, Parisien ou Gascon, Lorrain, Franc-Comtois ou Provençal ? Étais-tu ouvrier ou bourgeois, noble ou paysan ? Étais-tu républicain ou socialiste, ou bien ton nom de disparu est-il inscrit sur une des onze cents listes qui font le deuil et la fierté de L'Action française ?

Sous le voile qui couvre ta mémoire, tu es tout cela ensemble. Tu es plus encore : tu es le grand cœur de notre race et l'antique héroïsme de notre Histoire. Le Panthéon était trop bas pour toi et c'est trop déjà que, pour dernière corvée, on t'ait donné à conduire et à garder aujourd'hui le viscère ridicule d'un des petits hommes que nous y logeons. Tu reposeras au plus haut sommet de la Ville où se résume la France. Tu resteras mêlé à la vie du peuple que tu as sauvé et qui passera sur ta tombe comme sur la pierre d'assises de la Patrie [...][1]. »

---

1. *L'Action française*, 11 novembre 1920.

LES CÉRÉMONIES PARISIENNES DU 11 NOVEMBRE 1920

> « Je désire [...] assurer le peuple français de l'affection et de l'admiration inaltérables dont il est l'objet dans tout l'Empire britannique.
>
> Le lien restera intact et supportera l'épreuve du temps aussi brillamment dans la paix que dans la guerre. »
>
> Message du roi d'Angleterre
> au président de la République française,
> le 10 novembre 1920

« M. Binet-Valmer, vice-président de la Ligue des chefs de section nous a déclaré : "Nous avons exigé que le 11 novembre fût le triomphe du Soldat Inconnu. Nous avons obtenu gain de cause. Mais il me paraît difficile de changer de fond en comble le programme qui avait été établi [...]." D'autre part on n'a pas le temps matériel d'édifier le tombeau du soldat anonyme sous l'Arc de Triomphe.

Je crois donc que, jeudi, tout se passera comme on l'avait d'abord décidé. Le héros sera conduit provisoirement au Panthéon et, dans quelques semaines, comme je l'ai proposé déjà, le 1er janvier par exemple, *quand la sépulture du soldat sera prête la glorieuse dépouille sera transférée sous l'Arc de Triomphe, qui sera, désormais, la propriété de notre frère d'armes. Il symbolisera à la fois la victoire et, barrant le passage à tout autre triomphe, la volonté de paix dont la nation est animée* [1]. »

Programme définitif ou pas ? Ce dernier a en effet été déjà modifié plusieurs fois comme l'ont déploré certaines éditions de la presse nationale dont *L'Intransigeant* lequel, dans son édition du 9 novembre 1920, résume en quelques lignes le programme des cérémonies qui doivent avoir lieu le 11 Novembre à Paris.

« *Les membres du Gouvernement se sont réunis en conseil ce matin à l'Élysée sous la présidence de M. Millerand.*

[...] Après un long examen de la question, le conseil s'est arrêté aux dispositions suivantes : le corps du Soldat Inconnu ayant été déposé dans la nuit dans une chapelle ardente de la gare Denfert-Rochereau, le cœur de Gambetta ayant été d'autre part transporté au début de la matinée des Jardies au même endroit.

Le cortège se rendra alors au Panthéon où aura lieu la cérémonie prévue.

Aussitôt après le discours du président de la République, le cœur de Gambetta sera déposé dans la crypte du monument. Le cortège gagnera ensuite la place de l'Étoile par l'itinéraire prévu. Le corps du Soldat Inconnu sera inhumé sous l'Arc de Triomphe. La cérémonie sera clôturée par un défilé de troupes, sans discours.

[...] le corps du Soldat Inconnu demeurerait une nuit à l'Arc de Triomphe, sous un catafalque.

C'est M. Steeg qui a été le principal promoteur de ce changement. Il estime qu'il était difficile de faire le

---

1. *Écho de Paris*, 7 novembre 1920.

trajet jusqu'au Panthéon en passant par l'Arc de Triomphe, pour y revenir ensuite.

D'autre part, le fait de faire débuter la cérémonie devant le Lion de Belfort constitue à ses yeux un symbole frappant du caractère de la cérémonie du 11 novembre[1]. »

Le programme a encore été modifié et cette fois le Soldat inconnu demeure la nuit suivant les cérémonies du 11 novembre à l'Arc de Triomphe. Des cérémonies qui débutent avec l'arrivée du corps du Héros inconnu à Paris.

L'ÉMOUVANTE VEILLÉE

Le train conduisant la dépouille du Soldat inconnu à Paris arrive vers minuit un quart dans la capitale, en gare de Denfert-Rochereau qui est pavoisée pour l'occasion. Une section présente les armes. Sur le quai, quelques personnalités entourent le ministre de la Guerre, M. Lefèvre. Il y a là MM. Steeg, Honorat, Landry, Reibel ainsi que des délégués de sociétés d'anciens combattants. André Maginot, le ministre des Pensions, descend du train et fait ouvrir le fourgon qui contient la dépouille du Soldat, attendue depuis de longues heures par la foule. Le cercueil de l'Inconnu est porté, à sa descente du train, par six soldats du 46e régiment d'infanterie. Lorsque la bière passe devant la foule des anonymes venus rendre un premier hommage, les hommes se découvrent, les femmes pleurent. Tout est empreint de religiosité et d'intense émotion. Une chapelle ardente a été préparée en vue d'accueillir le corps. C'est en cet endroit que la garde d'honneur dépose le cercueil. Il est bientôt couvert de fleurs et de couronnes. Des soldats et

---

1. *L'Intransigeant*, 9 novembre 1920.

anciens combattants prennent les consignes et montent la garde. La veillée funèbre commence alors.

« *Les ministres s'en vont. La foule passe devant les deux chapelles : des groupes s'arrêtent, s'immobilisent un temps de prière, quelquefois on entend un sanglot. Des mères qui pleurent sur cet enfant, nul ne peut s'empêcher de songer que celui-là est peut-être le sien. Des femmes jettent des fleurs.*

Peu à peu la foule s'en va. Il n'y a plus personne, que des passants attardés qui s'arrêtent un instant et deviennent pensifs, que les veilleurs qui se remplacent, ou une garde montante qui passe, baïonnette au canon. Et dans l'ombre, depuis longtemps déjà, près de sa femme transie et toute blanche, un officier aveugle[1] *est là, qui ne bouge pas, qui regarde de ses yeux vides, comme s'il cherchait, obstinément, à "le" voir*[2]. »

Georges Lecomte, le reporter de *L'Illustration*, relatant l'arrivée du cercueil de l'Inconnu dans la capitale, insiste sur la gravité, le silence et le recueillement : « *C'est par une très émouvante vision que, à Paris même, cette cérémonie nationale a commencé. Peu de spectateurs ont pu en avoir le cœur étreint, parce que cela se passait en pleine nuit, dans le lointain quartier du Lion de Belfort, à une heure que les renseignements avaient laissée incertaine. Seuls, quelques témoins recueillis, venus là comme au plus pieux des pèlerinages. Depuis longtemps immobiles et graves dans le brouillard, ils attendaient. Beaucoup d'entre eux sans doute portaient au cœur une de ces meurtrissures qui ne s'apaisent que dans le silence. Et ceux qui n'étaient personnellement déchirés pensaient aux sacrifices et aux deuils de la France, à toutes les douleurs familiales que leur ima-*

---

1. Il s'agit du capitaine Isaac.
2. *L'Intransigeant*, 12 novembre 1920.

gination d'hommes et de patriotes leur permettait de reconstituer [...] Minutes poignantes. Pas un mot. Les âmes sont en accord avec l'acte qui s'accomplit. On se retire. La veillée funèbre commence. Dans ces premières heures et au petit matin du grand jour de commémoration nationale, des femmes entrent qui, les larmes aux yeux, s'agenouillent, se signent, prient et pieusement déposent des fleurs sur le cercueil[1]. »

Au Panthéon

Arrive enfin ce 11 novembre 1920, ce jour qui a fait couler tant d'encre, qui a été au centre de virulents propos et débats. Ce 11 novembre 1920, second anniversaire de l'Armistice et où, en même temps que la capitulation de l'ennemi, vaincu, est célébré le demi-siècle d'existence de la République. Dès l'aube, dans tout Paris, les bruits des soldats qui vont se mettre en place, qui gagnent leur poste pour les gardes d'honneur se font entendre. De son côté la nuée de Parisiens et de provinciaux qui ont pu effectuer le déplacement en direction de la capitale pour assister aux cérémonies se masse autour du Lion de Belfort, place Denfert-Rochereau « *derrière les cordons de cavaliers et de sergents de ville [...] Au milieu le Lion se dresse, portant entre ses pattes énormes quelques minuscules bouquets de violettes. En tête, immobiles, presque côte à côte, l'affût de canon qui va recevoir le cercueil du Soldat inconnu et le char qui emportera le cœur de Gambetta, sont rangés.*

Six jeunes soldats décorés pénètrent dans la chambre mortuaire où le Soldat inconnu repose [...] Ils prennent et portent jusqu'à l'affût du canon le cercueil sur lequel un large voile tricolore est jeté.

1. *L'Illustration*, 20 novembre 1920.

Deux officiers sont entrés dans la chapelle ardente où fut déposé sur un socle le cœur de Gambetta[1]. *Ils ont pris le coffret et sont sortis. On s'empresse de jeter une sorte d'escalier qui aboutit au haut du char funèbre. Un officier gravit l'escalier, portant le coffret qu'il place dans le reliquaire doré.*

Dans la rue Denfert-Rochereau, c'est une armée de drapeaux et d'étendards qui attend de prendre la tête du cortège.

Neuf heures. Tout est prêt[2] ».

Derrière les deux chars mis côte à côte, se placent les ministres de la Guerre, de l'Instruction publique, des Colonies, des Pensions ainsi que le sous-secrétaire d'État au ravitaillement. Le cortège s'ébranle alors et prend la direction de la rue Solferino. L'honneur d'ouvrir la marche revient à la garde républicaine. Elle précède une délégation d'Alsaciens et de Lorrains, le gouverneur militaire de Paris et quelques généraux qui marchent derrière les six cents drapeaux des deux guerres, celle de 1870 et bien entendu celle de la Grande Guerre. Les soldats, les hommes de troupe – appartenant à quatorze divisions d'infanterie différentes – sont aussi de ce défilé, de cette immense revue tout comme les cavaliers de différents régiments de dragons et de hussards, mais aussi les marins représentés par les fusiliers marins de Lorient et un bataillon de l'escadre de la Méditerranée ainsi que les troupes coloniales évoquées par des soldats marocains. Tout ce monde accompagne le Soldat inconnu qui symbolise le deuil, l'Armistice, et le cœur de Gambetta qui évoque le cinquantième anniversaire de la République, mais également cette défaite de la guerre de 1870 qui a enlevé à la France l'Alsace et la Lorraine. Le journaliste de

1. Qui a rejoint le corps du Soldat inconnu.
2. *L'Intransigeant*, 12 novembre 1920.

L'Illustration, en voyant le cœur de Gambetta, songe « *au cœur des millions et des millions de Français, patriotes qui mirent leur confiance et leur espoir en ce conducteur d'hommes qui, comme lui-même, désirèrent avec une généreuse passion la revanche du Droit, le relèvement de la France dans l'ordre, la justice et la liberté. [...] Ce cœur, que l'on promène au-dessus de la foule recueillie, a vibré de toutes les émotions dont furent étreints les innombrables Français qui, trouvant en Gambetta l'irrésistible interprète de leurs aspirations, espérèrent de lui, et par lui, la reconstitution de nos forces, le retour de l'Alsace et de la Lorraine à la France, un régime d'ordre et de liberté où le talent, le mérite, le travail auraient la primauté et surtout le relèvement de la Patrie*[1] ». Et le reporter d'évoquer l'Inconnu pour lequel, à n'en pas douter, la foule est venue en masse sur le parcours emprunté par le cortège, rendre hommage à cet Anonyme et le conduire jusqu'à sa dernière demeure, l'Arc de Triomphe :

« *Et voici – après les délégations de mutilés, de vétérans, de combattants d'hier, de soldats en uniforme bleu et rouge qui déjà nous semble de la préhistoire – sous le catafalque tricolore drapé sur un haut et long canon de 155, le corps du combattant Inconnu.* [...]

Et quelles sublimes vertus représente à nos yeux ce corps déchiqueté qui, sous cette draperie tricolore, passe au milieu de nos respects, de notre admiration reconnaissante ! Tandis que le canon, sur l'affût duquel il est transporté, le conduit vers son tombeau triomphal, nos cœurs aperçoivent derrière lui la glorieuse, la douloureuse, l'interminable file des quinze cent mille morts français de la guerre qui ont sauvé la Patrie et, en se sacrifiant, réalisé la chère vieille espérance dont notre jeunesse fut illuminée.

1. *L'Illustration,* 20 novembre 1920.

Comme une litanie, nous nous répétons pieusement à nous-mêmes le nom des vertus dont ce corps meurtri est à jamais le symbole : amour de la Patrie, oubli de soi-même, don simple et magnifique de ses forces, de son bonheur, de son avenir, de sa vie, abnégation, patience, camaraderie fraternelle, bravoure, sacrifice.

Voilà ce que le Poilu anonyme, glorieux, réparateur des injustices et du déchirement de 1870, représente à nos yeux[1]. »

Chemin faisant, le cortège se dirige vers le Panthéon, endroit tant décrié par certains parlementaires, lieu de leur courroux. Le corps du Soldat inconnu y marque l'arrêt le temps d'une cérémonie, mais ce temple ne constituera pas sa dernière demeure comme il en a été décidé aux Chambres. Le Panthéon accueille cependant une partie importante de cette journée de commémorations. « *Debout sur les marches du Panthéon, entre les présidents du Sénat et de la Chambre, au milieu de tous les membres du gouvernement, ayant à leur tête M. Georges Leygues, président du Conseil des ministres, M. Alexandre Millerand attend l'apparition de l'impressionnant cortège*[2]. » À l'arrivée du cortège, l'hymne *Sambre-et-Meuse* retentit. Puis est jouée *La Marche héroïque* de Saint-Saëns sur laquelle un invalide vient récupérer la châsse renfermant le cœur de l'homme politique qui est ensuite déposée, sous le dôme, sur un catafalque cerné de drapeaux tricolores et où figurent deux inscriptions : « *4 septembre 1870 : proclamation de la République* » et « *11 novembre 1918 : retour de l'Alsace et de la Lorraine* ».

« *Face à la porte d'entrée, un second catafalque plus simple, tendu de bleu, de blanc et de rouge, a été incorporé à cette architecture solennelle, pour rece-*

1. *Ibid.*
2. *Ibid.*

voir pendant la cérémonie le cercueil du combattant. Soutenu par les huit sous-officiers de la Grande Guerre qui montent dans l'accomplissement de leur pieuse tâche un soin fraternel, il passe entre les drapeaux qui s'inclinent vers lui et forment au milieu de la foule comme un chemin de la Victoire.

Près d'eux, devant l'un des piliers du dôme, les trois maréchaux de France que, à leur apparition, la foule salue avec le plus chaleureux et reconnaissant respect : Joffre, aux yeux clairs sous la broussaille blond-argent de ses terribles sourcils, fidèle à la vieille tenue rouge et noire sous laquelle il est entré dans la gloire et dans la légende ; Foch, svelte en son uniforme gris ardoise, dont le magnifique regard agile et profond se promène sur l'assistance ; l'impénétrable Pétain, si élégant et si jeune en bleu horizon, toujours attentif à dominer une sensibilité contenue que révèle le clignement nerveux des paupières. […]

À peine les dernières grandes phrases, si poignantes de l'hymne à la France immortelle, d'Henri Rabaud, ont-elles retenti, que de son pas calme et résolu, M. Alexandre Millerand se dirige vers la tribune d'où, en ce grand jour de commémoration, la voix du chef de l'État doit s'élever pour être entendue dans toute la France [1]. »

Dans son discours, le président Millerand rend un hommage appuyé à Gambetta, rappelle les circonstances douloureuses qui ont vu naître la République, ses chefs comme Chanzy, Faidherbe, d'Aurelle de Paladines, Denfert-Rochereau. Il évoque Paul Déroulède, dont il salue respectueusement la mémoire, puis ces grands hommes d'État qu'ont été Jules Ferry, Waldeck-Rousseau. Il glorifie la France, « *l'amour profond de la Patrie, le désir passionné de la rendre chaque jour plus grande et plus forte, plus prospère et plus juste, de lui restituer ses*

---

1. *Ibid.*

frontières naturelles, de la garantir contre de nouveaux crimes, le désir passionné de faire qu'en la douce France la vie soit chaque jour plus douce et plus humaine [...] *Si la France avait, selon le vœu de Gambetta, conservé intact et toujours présent le souvenir des chères provinces perdues, jamais il n'était venu à la pensée d'aucun de ses gouvernements qu'elle pût assumer la responsabilité de faire appel à la force pour tenter de reprendre le bien, qui lui avait été ravi. La justice immanente a voulu que la guerre, d'où devait sortir la juste restitution, fût déchaînée par les auteurs même du crime*[1] ». Puis il se doit d'aborder le Soldat inconnu en qui, symbole des morts pour la France, il voue de la fierté et de l'admiration mais aussi de la gratitude au nom du peuple français : « *Soldats inconnus, représentants anonymes et triomphaux de la foule héroïque des poilus, morts qui dormez votre sommeil glacé sous le sol des Flandres, de la Champagne, de Verdun, de tant de champs de bataille célèbres ou ignorés : jeunes héros accourus d'au-delà de l'Atlantique, des Iles britanniques, des Dominions lointains, de l'Italie, de la Serbie, de tous les points du monde pour offrir votre vie au salut de l'idéal, qu'une fois de plus représentait la France, dormez en paix. Vous avez rempli votre destin. La France et la civilisation sont sauvées*[2]. »

À la fin du discours du chef de l'État, retentit *La Marseillaise*, l'hymne national. Le corps du Soldat inconnu quitte alors le Panthéon pour converger vers l'Arc de Triomphe, son lieu de repos pour l'éternité. Le cœur de Gambetta le suit jusqu'à cette demeure avant de retourner ensuite vers le Panthéon où il restera à jamais. Le cortège se reforme à l'extérieur. Le

1. Charles Vilain, *Le Soldat inconnu, histoire et culte*, Maurice d'Hartoy, 1933.
2. *Ibid.*

ministre de l'Instruction publique, André Honorat, scrupuleusement, surveille la remise en place des dépouilles sur leurs chars respectifs.

À L'ARC DE TRIOMPHE

Ce 11 novembre 1920 est un jour où le temps est froid, mais un froid humide, pénétrant. En dépit de ces conditions climatiques, la foule s'est déplacée en masse, respectueuse des consignes d'un service d'ordre rigoureux, mais elle est surtout solennelle et recueillie. Aux Champs-Élysées, « *lorsque derrière les premiers cavaliers de la garde républicaine qui ouvrent le cortège, apparaissent les émouvantes légions de mutilés, de vétérans, ayant à leur tête un vieux général de division, grand officier de la Légion d'honneur, et dans leurs rangs deux vénérables zouaves, à longue barbe blanche, puis des combattants de la Grande Guerre qui, parés de leurs croix aux rubans rouges ou jaunes, marchent avec la gravité d'hommes conscients de l'œuvre par eux accomplie et de la grandeur d'une manifestation à laquelle ils ajoutent tant de noblesse, cette foule marque-t-elle, avec délicatesse, son respect. Elle sourit joyeusement aux jeunes filles qui représentent avec grâce l'Alsace et la Lorraine. Elle rend un chaleureux hommage à nos troupes en armes.*

Voici la saisissante et longue coulée des drapeaux. Voici, autour d'eux, les figures héroïques des officiers et des soldats qui ont fait la guerre. La foule se découvre, s'émeut, les applaudit[1] ». Cette masse de femmes, d'hommes et d'enfants regarde avec respect passer le cœur de Gambetta, symbole d'une histoire révolue pour ce peuple qui a encore en mémoire les dures heures tragiques de la Grande Guerre. Puis surgit, à son tour, le haut catafalque

1. *L'Illustration*, 20 novembre 1920.

tricolore du Soldat inconnu, symbole à la fois de tant de misères mais également tant de vertus. La foule est bouleversée, pleure, pousse des cris d'admiration et de reconnaissance.

Onze heures sonnent. L'heure où deux années plus tôt, le canon se taisait enfin et où les cloches des églises résonnaient à tout rompre. Le reporter de *L'Illustration* déplore « *qu'en cette matinée de second anniversaire, le glorieux cortège n'ait pas, une minute, suspendu sa marche, pour que ce grand souvenir fût encore davantage présent dans l'âme de tous, pour que la foule pût s'immobiliser devant la mémoire des quinze cent mille morts* [1] ».

Onze heures, c'est l'heure à laquelle la dépouille du Soldat inconnu reçoit la bénédiction de monseigneur Roland Gosselin, archevêque de Paris.

Le cortège se trouve en effet devant l'Arc de Triomphe, la foule y est encore plus dense, plus compacte. Aux notes du *Chant du départ*, soldats et drapeaux pénètrent sur la voûte. Retentit ensuite *La Marseillaise* avant qu'on ne procède à un lâcher de pigeons qui enveloppent dans leur vol tournoyant l'Arc de Triomphe. Le char de Gambetta pénètre sous la voûte suivi du canon de 155 qui porte l'Inconnu. Puis le silence se fait. Le gouverneur militaire de Paris, le général Berdoulat, fait rendre les honneurs. La sonnerie *Aux champs* est exécutée avant que, de nouveau, ne retentisse *La Marseillaise*, plus vibrante, plus poignante encore qu'à l'accoutumée. Le président Millerand salue alors le cœur de Gambetta puis le corps de l'Inconnu. Le cortège officiel se retire « *et impatiente de défiler devant les catafalques, la foule attend que le nouveau service d'ordre s'organise* [2] ». Jusqu'au soir, c'est une longue procession d'hommes et de femmes,

1. *Ibid.*
2. *Ibid.*

de veuves et d'orphelins, de mutilés et de blessés, de soldats redevenus civils qui vient rendre un ultime hommage au cœur de Gambetta mais principalement au Soldat inconnu.

Aux environs de 17 heures, alors que le cœur de Gambetta regagne le Panthéon, le corps du Soldat inconnu est déposé, provisoirement, dans une salle de l'Arc de Triomphe. Installé sur un catafalque recouvert du drapeau français, l'Inconnu est veillé par vingt-six sous-officiers appartenant aux régiments qui, lors de la Grande Guerre, ont reçu le plus grand nombre de citations. Le lendemain, la foule se presse à nouveau à l'Arc de Triomphe pour se recueillir.

Le 12 novembre 1920, la presse encense l'Inconnu

Au lendemain de ces commémorations du 11 Novembre, la presse souligne la popularité et la naissance du symbole du Soldat inconnu. Les journaux sont unanimes avec toutefois, selon les sensibilités politiques, quelques bémols :

Ainsi *L'Intransigeant* sous la plume de Léon Bailby se réjouit de l'impact auprès des Français de cet hommage rendu à l'Inconnu : « *Ce qui a fait l'émotion de cette journée, c'est la présence du "Soldat français". Certes, le discours de M. Millerand pourra faire son chemin à travers le monde. Le monde qui ne sépare pas la France du régime qu'elle s'est donné et qu'elle a gardé depuis cinquante ans, le monde pourra lire cet hommage plein de dignité, et d'un bel esprit de tolérance, où le chef de l'État, rendant hommage aux élites de tous les partis, de toutes les opinions, de tous les cultes qui ont illustré notre pays depuis un demi-siècle, a marqué d'un trait juste comment l'effort d'un grand peuple servi par ses institutions, et malgré les fautes commises qui sont humaines, a su réparer le malheur et l'injustice de 1870.*

Nous avons pu, entre nous, nous quereller sur des divergences de doctrines et de méthodes, différer d'avis sur des hommes et des politiques. Mais combien cette poussière soulevée autour de nos petites agitations apparaît peu de chose, en face de l'immense effort démocratique, généreux, humain, accompli par la France républicaine en cinquante ans !

Et pourtant la célébration de cet anniversaire, marquée par un beau discours et par la noble cérémonie du Panthéon, n'aurait frappé que nos esprits et pas nos cœurs si le Soldat français n'en avait pris, par la force du vœu populaire, la première place.

Hier à Verdun, notre collaborateur, M. de Gobart, a vu devant le cercueil anonyme que venait de désigner le petit bouquet du soldat Thin, une femme en deuil s'agenouiller, embrasser la bière et dire : "J'en suis sûre celui-là est mon fils !"

Elles ont été nombreuses sans doute aujourd'hui, les mères, les femmes qui, en voyant passer le soldat couché sous son immense et lourd drapeau tricolore, ont murmuré : "C'est lui."

Ce sont tous nos morts, en effet, qui sont montés vers l'Arc de Triomphe, avec celui que M. Millerand saluait dans son discours comme "le Soldat inconnu, représentant anonyme et triomphal de la foule héroïque des poilus". Ainsi honoré par un hommage solennel qui n'a son précédent dans aucune Histoire, le soldat innombrable, qui est le peuple de France lui-même, a pris la première place dans l'honneur de la Victoire.

Et le geste n'aurait pas de sens s'il ne devait pas y avoir de suite ; si le régime qui a subi la guerre et endossé la victoire ne devait rendre à tous ses enfants la patrie plus douce encore et plus habitable, élargir les lois sociales, faire régner sur nos foyers que les deuils ont dévastés plus de justice et de bonté[1]*. »*

1. *L'Intransigeant*, 12 novembre 1920.

L'Œuvre, pour sa part, parle de l'émotion et du recueillement au cours des cérémonies. « *Paris a fêté hier, avec une ardeur faite à la fois de joie profonde et d'émotion pieuse, l'anniversaire de la paix victorieuse et celui du régime à qui nous la devons ; Il a suivi dans un recueillement admirable le cortège à la fois funèbre et triomphal qui conduisait aux deux monuments glorieux, le Panthéon et l'Arc de Triomphe, le cœur d'un tribun illustre et le corps d'un petit soldat inconnu*[1]. »

Sous le titre « *En saluant les restes du Soldat inconnu, Paris a célébré hier les morts héroïques* », le journaliste de *L'Action française* parle dans son article d'« *une fête grandiose, parfois touchante, en partie mais confuse, ambiguë. Confuse, lamentablement organisée et désorganisée avec un affolement qu'on a pu railler, présent à tous les esprits, et dont les effets apparaissent à chaque instant.*

Dans ce défilé qui émergeait du brouillard pour s'y enfoncer, le plus glorieux, le plus poignant s'intercalait à l'apothéose imposée avec une perfidie systématique. Elle n'a pris personne. Devant cette carte forcée, le peuple de Paris, convié à fêter tant de choses et de souvenirs, si différents, a montré son tact historique, saluant en guerrier patriote les drapeaux, lançant au héros de pieuses fleurs, conservant, pour la relique politicienne, adroitement glissée en entre-deux, l'attitude convenable qu'on a, dans cette ville, au passage des enterrements inconnus.

[...] Cette journée reste la fête des morts glorieux et des drapeaux victorieux et retrouvés.

Le souvenir de ces morts, de tous ces morts planait vraiment sur le rude et redoutable équipage qui portait la dépouille du héros inconnu.

Il n'est pas de poésie ni d'art qui puisse rendre l'aspect de ces drapeaux, frémissants comme une

1. *L'Œuvre*, 12 novembre 1920.

forêt, dorés et serrés comme des épis, qui contenaient tout le fruit des batailles et le vent de la Victoire, dans les plis de leurs soies blessées, quand semblables à des fantômes, à des étendards de rêve, ils surgissaient de la brume, bercés, inclinés majestueusement au pas de leurs héroïques porteurs [1] ».

Enfin L'Humanité fustige cette journée de commémorations qui a servi « *hier à rendre des honneurs à des militaires très connus* ». L'antimilitarisme ressort de cet article où cette célébration est rapportée comme une fête quelconque, un spectacle dans lequel les termes d'*organisation*, de *numéros* et de *vedettes* sont employés. « […] *il ne me semble pas,* écrit le journaliste, *que l'on ait pu rapporter une autre impression que celle d'une immense parade belliqueuse. En toute sincérité, la note dominante fut une note guerrière. Les organisateurs de cette démonstration publique avaient, en réunissant les deux cérémonies – cinquantenaire de la République et anniversaire de l'armistice –, laissé deviner leur intention de donner à la dernière la préséance sur le rappel du 4 septembre 1870. Ils y ont fort bien réussi. Sur tout le parcours du cortège, ce qui a le plus impressionné la foule c'est assurément le passage du canon de 155 long transformé en char funèbre pour le cercueil du soldat inconnu. Et ce fut aussi le défilé des étendards et le passage de ceux qui récoltèrent dans la tuerie générale les honneurs et les profits. Le transfert du cœur de Gambetta, la présence du gouvernement, des parlementaires […], en un mot tout ce que le programme comportait de "numéros" pour les civils, n'a suscité qu'un intérêt médiocre.*
Toute l'attention, toute la curiosité, et même ce qu'il pût y avoir d'émotion réelle à certains moments n'avaient d'autre but, d'autre cause que la figuration

---

1. *L'Action française*, 12 novembre 1920.

militaire avec des vedettes attendues, les maréchaux étoilés et constellés de décorations. […]

Tout ce film dont le scénario a été imaginé en vue de célébrer le régime républicain n'a fait que mieux ressortir la puissance de l'idée militariste. Certes, si le "soldat inconnu" avait pu surgir de son cercueil et soulever le drap tricolore sous lequel il était enveloppé, il aurait compris qu'il s'était fait tuer en vain : l'esprit de cette guerre n'est pas mort. Et c'est bien encore une fois cette impression qui a dominé. Même la sincérité était absente du cœur de ceux qui avaient organisé les cérémonies. Je me suis laissé conter, et ne le rapporte cependant qu'avec réserves, ce détail stupéfiant : lorsqu'on exhuma, à Verdun, les huit cadavres de poilus entre lesquels on devait désigner le soldat inconnu qui serait transporté à Paris, on aurait constaté que tous les huit avaient encore leur bracelet d'identité[1] *!* » Un article bien dans le ton de *L'Humanité* à cette période, dans lequel il n'est question ni du recueillement de la foule, ni du Soldat inconnu auquel ce journal, à l'inverse des autres, n'accorde pas de majuscule au « S » de soldat ou au « I » d'inconnu.

---

1. *L'Humanité*, 12 novembre 1920.

DE L'INHUMATION DÉFINITIVE À LA FLAMME DU SOUVENIR

> « *Le 28 janvier 1921, le caveau définitif étant terminé, le cercueil de l'Inconnu y est descendu dans une cérémonie sans faste, poignante dans sa simplicité, où n'assistent que les maréchaux et les membres du gouvernement.* »
>
> Général Weygand

Le 12 novembre 1920, la foule silencieuse se rend de nouveau à l'Arc de Triomphe avec une question qui préoccupe les esprits : quand sera enterré définitivement le Soldat inconnu ? *L'Action française*, dans son édition du 13 novembre 1920, apporte sa réponse :

« *Les textes proposés par le gouvernement et approuvés par les Chambres comportent, on le sait, l'inhumation définitive du Soldat inconnu "sous l'Arc de Triomphe". La façon la plus directe et la plus parfaite d'appliquer ce vœu est évidemment, comme tout le monde s'y attend, de creuser une crypte juste au centre de figure du rectangle que déterminent les quatre piles, là où le pavé mosaïque contient un aigle de bronze qu'il faudrait déplacer.*

Cette question préoccupe visiblement un nombreux public, notamment les personnes qui, en foule par instants, ont continué de défiler près du monument, lequel, extérieurement, a repris son aspect accoutumé. Malgré leur insistance, ils n'ont pu accéder à la salle où repose le Soldat. La consigne est formelle et le gardien, seul depuis le départ de la garde d'honneur, la fait respecter.

On a apporté, vers dix heures, une plaque recouverte de drap horizon qu'on a placée entre les dalles, là où l'on s'attend à voir plus tard la dalle funéraire. Elle porte cette inscription :

> *Dans ce monument*
> *repose*
> *un Soldat français*
> *mort pour la Patrie*
> *1914-1918*

Ceci doit-il nous assurer définitivement que telle est l'intention ferme du ministère ? Nous n'avons pu obtenir une réponse fermant absolument la question. Il est cependant probable qu'en effet le Soldat sera bien inhumé là. Il est presque certain aussi qu'il sera recouvert d'une simple dalle car un monument en relief, si faible soit-il, "fermerait" moralement le passage sacré aux triomphateurs à venir.

L'objection : on lui marchera dessus, n'a pas une grande force. D'abord on pourrait l'entourer d'une grille facile à enlever dans la rare circonstance d'un défilé, enfin, à supposer même qu'on ne le puisse, foulé familièrement par le pied, non du passant indifférent, mais d'un passant qui, venant là exprès, est toujours un peu un pèlerin, il participerait au sort de tant de morts pieux, illustres, ou du moins de marque, inhumés depuis les vieux âges sous les dalles des églises.

Cette façon de le mêler un peu ainsi à la foule a sa grandeur et son sens.

À l'heure actuelle, le cercueil est toujours dans la salle basse du pilier sud-ouest[1]. »

Cet article laisse planer une certaine incertitude quant au lieu définitif d'inhumation du Soldat inconnu, même si les textes adoptés par la Chambre et le Sénat prévoient que l'Arc de Triomphe soit bel et bien sa dernière demeure. Une manière probablement, selon l'expression désormais usitée de nos jours, de « maintenir la pression » sur l'État et les pouvoirs publics ? Autre point important, même si ce n'est pas le sujet principal de ce « papier », le public ne peut, le 12 novembre 1920, continuer à rendre hommage à l'Inconnu, la salle où repose la dépouille étant fermée, en application des consignes reçues. Il est dommage que le gouvernement de cette époque n'ait pas prévu de laisser se poursuivre le recueillement des Parisiens auprès de ce corps… Bien entendu, le Soldat inconnu ne pouvait éternellement demeurer dans cette pièce qui apparaît « *basse et glacée comme une casemate*[2] ».

Finalement il est décidé que sa sépulture définitive serait située dans l'Arc de Triomphe même, dans l'axe des Champs-Élysées et de l'avenue de la Grande Armée, là où avait eu lieu le défilé de la Victoire des armées alliées, derrière les maréchaux de France, le 14 juillet 1919, à l'endroit où la veille s'était dressé le gigantesque cénotaphe des 1 500 000 morts.

Lors d'un Conseil des ministres, le 25 janvier 1921, Léon Bérard, ministre de l'Instruction publique, soumet les travaux d'aménagement à accomplir afin de pouvoir procéder à l'inhumation du Soldat inconnu. Ce même jour, a lieu une rencontre réunissant le ministre de la Guerre, Louis Barthou, le ministre

---

1. *L'Action française*, 13 novembre 1920.
2. Marcel Dupont, *L'Arc de triomphe de l'Étoile et le Soldat inconnu*, Les Éditions françaises, 1958.

des Pensions, André Maginot et le ministre de l'Instruction publique afin d'arrêter les préparatifs de la future cérémonie. Une cérémonie que le gouvernement souhaite simple.

Le 28 janvier 1921 se déroule la cérémonie de mise au tombeau en présence des membres du gouvernement, de Lloyd George, Premier Ministre de Grande-Bretagne, des trois maréchaux Joffre, Foch et Pétain, des généraux Dubail, Nivelle, Weygand, Fayolle, Gouraud, du gouverneur militaire de Paris, de nombreuses veuves et d'orphelins. Aucune bénédiction n'a lieu, la cérémonie est, se veut purement laïque et militaire. La garde d'honneur est composée d'un millier d'hommes en provenance de différentes armes. Une fanfare de cavalerie a en charge les sonneries. Le cercueil de l'Inconnu est recouvert d'un drapeau aux trois couleurs bleu, blanc, rouge sur lequel figure la seule décoration remise à la dépouille de ce combattant jusqu'alors, à savoir la médaille de la Ville de Verdun. Huit sous-officiers, tous décorés de la médaille militaire, portent le cercueil près de sa tombe. La sonnerie *Au Drapeau* retentit. Six hommes s'emparent alors de la bière derrière laquelle se tiennent les porte-drapeaux. Près du cercueil se tient un invalide portant un coussin de velours où se trouvent épinglées trois décorations, parmi les plus élevées, de l'armée française : la Légion d'honneur, la médaille militaire et la croix de guerre avec palmes. Louis Barthou, le ministre de la Guerre, les place sur le cercueil puis prononce quelques paroles :

« *Au nom de la France pieusement reconnaissante et unanime, je salue le Soldat inconnu qui est mort pour elle.*

Cette Légion d'honneur, cette médaille militaire, cette croix de guerre que j'ai déposées sur son cercueil sont plus et mieux qu'un symbole.

Elles sont l'hommage suprême de la Patrie aux héros obscurs et anonymes qui sont tombés pour elle.

Les morts – surtout les morts – commandent aux vivants, obéissons à leurs voix pour faire, dans la paix qu'ils ont conquise, une France unie et laborieuse, confiante et forte[1]. » Puis retentit *La Marseillaise* alors que le corps de l'Inconnu est descendu dans le caveau. Avant que la dalle ne soit scellée, le Premier Ministre britannique s'approche alors de la tombe puis jette un œillet portant cette épitaphe : « *In gratitude to the braves soldiers of France who saved civilisation by their sacrifices*[2]. » La cérémonie s'achève par le traditionnel dépôt de gerbes. Le Soldat inconnu peut à présent dormir en paix. Le dimanche suivant cette cérémonie, de nombreux visiteurs viennent déposer une fleur ou de petits bouquets qui très rapidement s'entassent autour de la barrière mise autour de la dalle. Parmi ces visiteurs, de nombreuses femmes : des épouses, des mères, des sœurs de ceux qui reposent dans les nombreux cimetières militaires français et qui seront à jamais privées de la dépouille de celui qu'elles chérissaient. Ce même jour, en début de matinée, le maréchal Pétain vient également s'incliner sur cette tombe et déposer une couronne.

La tombe du Soldat inconnu devient très vite un lieu de recueillement, de culte où il semble « *nécessaire* […] *de songer à remplacer par un appareil à la fois plus beau et plus pratique les grilles fixes et mobiles dans lesquelles la dalle glorieuse se trouvait encagée. Nous croyons savoir que dès mercredi une décision sera prise. Un projet intéressant est envisagé au ministère de l'Instruction publique. Il consisterait*

---

1. Marcel Dupont, *op. cit.*
2. Ce qui signifie : « *En gratitude aux braves soldats de France qui ont sauvé la civilisation par leurs sacrifices.* »

à placer autour de la tombe, en laissant libre le côté face aux Champs-Élysées quatre lance-bombes – des crapouillots à l'allure massive et guerrière – que réuniraient des chaînes auxquelles on pourrait appuyer ou accrocher fleurs et couronnes. À ce propos, disons que nous avons reçu une suggestion intéressante du sculpteur Grégoire Calvet. Afin d'envelopper même la nuit, "d'une solennité continuelle", la tombe du Soldat inconnu, M. Calvet propose qu'au sommet de la voûte soit placée une forte ampoule électrique qui projetterait une lumière bleue sur la seule dalle. Ainsi une barrière lumineuse marquerait perpétuellement le lieu où se repose le héros sans nom[1] ».

Un an après, le 11 novembre 1921

Le 11 novembre 1921, un an jour pour jour après que l'Inconnu a gagné l'Arc de Triomphe, sa dernière demeure, on commémore l'Armistice du 11 Novembre :

« *Ce matin, à dix heures, heure militaire, les officiers de l'École de guerre, conduits par le général Debeney, ont déposé une couronne sur la tombe du Soldat inconnu. La minute ne fut pas sans émotion, ni sans grandeur. Aux uniformes bleu-horizon des officiers français se mêlaient les tuniques de leurs camarades étrangers, élèves de l'École. Le geste de l'École de guerre a paru particulièrement sympathique au public.*

Après l'École de guerre, les enfants des écoles de la Ville de Paris défilèrent à leur tour devant la tombe. Puis la Légion britannique déposa une superbe couronne de chrysanthèmes et de feuillage.

Vinrent ensuite l'Union des pères et mères dont les fils sont morts pour la patrie, dont le président,

---

1. *L'Intransigeant*, 29 mars 1921.

M. Henry Bonnet, prononça quelques mots émus ; le Comité américain pour les régions dévastées et sa présidente, miss Dick, déposèrent une couronne de chrysanthèmes blancs ; et après l'Ecole de West Point, la Ligue des Patriotes, drapeaux en tête, et conduite par mademoiselle Jeanne Déroulède et MM. Gauthier de Clagny, Maréchal et Le Menuet, salua le Soldat inconnu d'une palme de bronze cravatée de tricolore.

À onze heures, dans la chapelle des Invalides, la messe annuelle en mémoire de l'armistice a été célébrée sous la présidence de S. E. le cardinal Dubois et des maréchaux de France[1]. » Une cérémonie officielle à l'aspect très protocolaire où le public semble bien absent. Le Soldat inconnu est-il déjà oublié ? Non, car comme le titre *L'Intransigeant* dans son édition du 14 novembre : « *C'est devant la tombe de l'Inconnu que l'on a commémoré la capitulation allemande.* » En effet, « *indépendamment de la cérémonie officielle, des milliers de Français ont apporté des fleurs. Autour de l'Arc de Triomphe, c'est dès le matin, un pieux et patriotique pèlerinage vers la tombe du Soldat inconnu. À 9 heures déjà des couronnes, des bouquets ont été portés par de nombreuses Associations.*

À 10 heures moins le quart, quelques anarchistes de Billancourt entourant un aveugle et un mutilé de la guerre essaient de troubler par une vague manifestation le recueillement de tous. Ils apportent une couronne d'immortelles rouges ; on les laisse approcher de la dalle sacrée, mais comme ils tentent de déployer un drapeau rouge, on les écarte.

Les détachements des diverses troupes de la garnison sont massés au pied de l'Arc de Triomphe.

À 10 h 30, M. Léon Bourgeois, président du Sénat, entouré de MM. Jenouvrier, Bienvenu-Martin et Vieu,

---

1. *L'Intransigeant*, 12 novembre 1921.

sénateurs, vient déposer une palme portant l'inscription suivante : "Au Soldat Inconnu, le Sénat."

La musique du 104ᵉ régiment joue La Marseillaise. *Quelques minutes de recueillement devant la tombe et le cortège sénatorial s'éloigne.*

À 10 h 45, M. Raoul Péret arrive à son tour, accompagné de MM. Mamisson, Erlich, Fiori. Dans un même geste, il dépose une palme absolument pareille à celle du Sénat, puis s'écartant du groupe, il s'incline sur la tombe du Soldat Inconnu et se recueille.

À 11 heures, ce sont les membres du gouvernement qui viennent à leur tour apporter l'hommage de la République : MM. Barthou, Guist'hau, Marraud, Loucheur, Maginot, Le Trocquer, Dior et Théodore Tissier, sous-secrétaire d'État à la présidence du Conseil, qui représente le président du Conseil.

La Marseillaise retentit de nouveau et les ministres, à pas lents, se dirigent vers la tombe. Une merveilleuse couronne faite d'orchidées, de violettes de Parme et de roses de France est déposée. Elle porte cette inscription : "Au soldat français inconnu, le gouvernement de la République."

Un silence impressionnant succède au son des cuivres militaires.

De nombreux officiers généraux, parmi lesquels l'amiral Lacaze, les généraux Berdoulat, Dubail, Trouchaud, Simon, etc., sont au premier rang de la foule recueillie qui entoure l'Arc de Triomphe.

À 11 h 05, le Conseil municipal conduit par son président, M. César Caire, et le Conseil général, avec son président, M. Marin, viennent apporter les pieux hommages de la Ville et du département.

Parmi les Sociétés qui ont fait ce matin le pieux pèlerinage, nous avons noté : la Fédération nationale des Sociétés de culture physique, de tir et de sports, la délégation belge à la Fédération interalliée des anciens combattants, etc.

La cérémonie officielle est terminée, le drapeau du 104ᵉ régiment s'incline devant la tombe glorieuse. Les troupes défilent.

La foule s'approche alors de la dalle sur laquelle les fleurs sont encore déposées [1] ».

Il y a donc eu dans ce quotidien, *L'Intransigeant*, deux articles relatifs aux cérémonies du 11 Novembre à Paris. L'un publié le 12 novembre, au lendemain de la cérémonie officielle, et un second, le 14 novembre, soit trois jours après la fête de l'Armistice, plus détaillé, moins officiel, dirait-on. Un journal, ayant soutenu et fait campagne en faveur de l'idée puis du concept du Soldat inconnu, ne pouvait relater les cérémonies officielles sans mentionner la participation des associations, fédérations et du public. Cela aurait en quelque sorte porté un discrédit au journal…

La « Flamme du Souvenir »

Deux ans se sont écoulés depuis que l'Inconnu a été conduit à sa dernière demeure, sous l'Arc de Triomphe. Deux années où le Soldat inconnu semble bien perdu dans le va-et-vient, l'activité de cette immense place, dans le passage des automobiles et les allées et venues des piétons. « *Cet abandon était surtout poignant quand tombait la nuit. Sous l'Arc désert, la tombe semblait oubliée, inexistante. Indifférence ? Ingratitude ? Non. Mais dans le cahotement de sa vie quotidienne, au milieu de ses soucis, de ses travaux journaliers, la population parisienne perdait le souvenir de cette grande présence. Faut-il s'en étonner ? Rien n'accrochait son regard. Perdue au ras du sol, l'émouvante inscription n'apparaissait dans le jour qu'aux passants cheminant sous la voûte. La nuit, nul ne s'y risquait*

---

1. *L'Intransigeant*, 14 novembre 1921.

et si, par hasard, quelque promeneur solitaire s'égarait sous l'Arc de Triomphe, l'obscurité lui cachait tout vestige de cette tombe froide, sans aucun ornement[1]. » Voilà le cœur du problème, il manque incontestablement un « *ornement* » pour attirer l'attention du quidam, rappeler que le Soldat inconnu dort en ce lieu, pour l'éternité. Car si d'aventure la situation tend à perdurer, le risque est grand de voir l'Inconnu sombrer dans l'oubli. Qui se souviendra en effet que la dépouille d'un Inconnu de la Grande Guerre repose sous l'Arc de Triomphe si rien ne vient à signaler sa présence ? Et ce n'est pas cette dalle, au ras du sol, visible uniquement le jour et que l'on peut fouler du pied, qui indique la tombe de ce combattant. Surgit alors l'idée dans l'esprit d'un homme, Gabriel Boissy, de mettre en place, de manière définitive, une flamme. « *Je voudrais que l'on vît sur cette tombe quasi abandonnée, quasi oubliée, brûler une flamme vivante, un feu qui soit la palpitation, la présence de son âme, qui brûle comme un perpétuel souvenir de chacun de nous, du pays tout entier*[2]. » Le journaliste évoque ce sujet avec Léon Bailby, rédacteur en chef de *L'Intransigeant*, qui adhère à l'idée. Comment en aurait-il pu être autrement ? Ce quotidien, paraissant le soir, avait été, en 1920, un rouage essentiel dans la campagne de presse visant à faire inhumer le Soldat inconnu à l'Arc de Triomphe au détriment du Panthéon. Un article, sous le titre « *La Flamme du Souvenir* », signé de la main de Gabriel Boissy, est alors publié dans les colonnes du journal :

« *Paris oubliait son enfant mort* [...]. *Il faut un signe visible* [...] *la nuit la glorieuse dépouille reste solitaire. Rien ne la garde. Nul ne veille auprès d'elle. Elle est seule, comme abandonnée. Pourtant ce serait*

---

1. Marcel Dupont, *op. cit.*
2. Marcel Dupont, *op. cit.*

la nuit qu'on pourrait marquer notre piété de façon plus évidente […][1]. » Après avoir présenté ses arguments, le journaliste suggère son idée : « *Pourquoi ne déciderions-nous pas, à l'occasion de cet anniversaire, que désormais, à chaque crépuscule, une lampe sera allumée sous l'Arc de Triomphe, au-dessus de la demeure éternelle du Soldat inconnu ?* » La proposition est, dès le lendemain et les jours suivants, reprise dans les colonnes de la presse nationale. *Le Gaulois, Le Matin, L'Action française, Le Petit Parisien, L'Écho de Paris* font leurs choux gras de cette nouvelle affaire de l'Inconnu. Les lecteurs se croient revenus trois ans en arrière comme lorsque, dans ces journaux, étaient exposés les différents points de vue pour que l'inhumation du Soldat inconnu se déroule à l'Arc de Triomphe. Cette fois, il s'agit de faire adhérer l'opinion publique à la mise en place d'une « *Flamme du Souvenir* » sur cette tombe sacrée.

Pourtant ce projet n'est pas le seul. Ainsi un conseiller municipal de Paris avait proposé que deux candélabres soient allumés sous l'Arc au cours de la nuit de la Toussaint, proposition adoptée par le conseil municipal le 23 juillet 1923, et du reste réalisée lors de la nuit du 1er au 2 novembre 1923. Il y avait eu également, dès 1921, l'idée de Grégoire Calvet, sculpteur, auteur du monument réalisé en hommage aux chasseurs de Driant au bois des Caures, qui avait soumis l'idée d'une lumière bleue éclairant la tombe, celle plus farfelue, de Langlois du Vivray, d'« *un feu sur un trépied qui brûlerait constamment sous l'Arc de Triomphe*[2] ».

Cet article de la « *Flamme du Souvenir* » connaît un énorme retentissement. Les Français ont l'impression que Gabriel Boissy s'est fait leur porte-parole, exprimant la pensée qu'ils ont au plus pro-

1. *L'Intransigeant*, du 13 octobre 1923.
2. *L'Illustration*, 10 novembre 1923.

fond d'eux. Partout, et même des colonies, une approbation de cette idée s'exprime. Une flamme doit brûler en continuité sur la tombe du Soldat inconnu et ne plus s'éteindre. Le gouvernement bénéficie en quelque sorte de cette campagne de presse, attendant que se dessine un consensus national autour d'une idée pour prendre une décision. Un dossier que suivent attentivement le ministre de l'Instruction publique, Léon Bérard, et le directeur des Beaux-Arts, Paul Léon. Tout comme en 1920 pour la tombe de l'Inconnu, les décisions pour réaliser cette flamme vont être prises à la hâte. Là également, les délais sont courts, le temps presse, tout doit être prêt pour le 11 Novembre. Les oppositions rejetées, reste à mettre au point le projet de Gabriel Boissy et ce n'est pas une mince affaire, loin de là. Il existe en effet un problème technique quant à la réalisation : que la flamme soit assez grande afin qu'elle puisse être vue tout en étant assez puissante pour résister aux courants d'air pour que le dispositif puisse être alimenté et entretenu facilement. Plusieurs projets sont présentés et décision, quasi immédiate, est prise de retenir celui de Henri Favier. Quant au ferronnier en charge de la réalisation, il s'agit d'Edgar Brandt. C'est lui qui réalise le dispositif basé sur un groupement de mèches avec métal incandescent pour le rallumage automatique en cas d'extinction partielle, protégé par une résille métallique.

Le 11 novembre 1923, *L'Écho de Paris* annonce que « *la Flamme du Souvenir s'allumera ce soir à l'Arc de Triomphe* ». Le rédacteur Louis Noblet écrit « *qu'à partir de ce soir, sur la tombe du Soldat inconnu brûlera la Flamme du Souvenir. Petite dans la journée, elle grandira vers le soir, mêlera ses feux bleu et or à ceux du crépuscule et continuera, durant la nuit, sa garde fidèle et discrète [...]*[1] ».

1. *L'Écho de Paris*, 11 novembre 1923.

L'œuvre, qui signale la présence de l'Inconnu, se compose d'une rosace en bronze, large de 4,50 m, décorée de glaives entrelacés de lauriers. Au centre, une buse de canon, d'environ 35 cm de diamètre, sert de brûloir. La flamme est alimentée par un réservoir d'essence placé dans l'un des piliers de l'Arc de Triomphe, à 8 m de hauteur. Grâce à un dispositif spécial du brûloir et à certains produits chimiques, cette flamme, verte à sa naissance, se colore ensuite de filets d'or, et à 45 cm du sol s'éparpille en feux follets.

En ce jour de commémoration de l'Armistice de l'année 1923, quatre cent trente-six drapeaux de régiments dissous, des élèves des grandes écoles militaires, des aveugles de guerre, des grands mutilés, des anciens combattants, mais également des pupilles de la nation se réunissent autour de la tombe du Soldat inconnu. Les maréchaux Foch et Pétain, ainsi que l'ancien ministre de la Guerre Lyautey, l'ancien commandant en chef du corps expéditionnaire américain, le général Pershing, le président de la République Alexandre Millerand ainsi que les présidents de l'Assemblée nationale et du Sénat assistent à la cérémonie qui voit les troupes défiler devant la tombe du Soldat inconnu.

Une cérémonie matinale relatée dans les colonnes de *L'Écho de Paris* en ces termes : « *La fête de l'anniversaire de l'Armistice fut, à Paris surtout, l'hommage rendu au Soldat inconnu. Il symbolise en effet, aux yeux des Parisiens, le sublime dévouement de ceux qui sont tombés pour sauver la Patrie. Ce fut dans la matinée une cérémonie grandiose, à laquelle participèrent le président de la République, l'armée, les membres du gouvernement et les représentants des corps constitués, les associations d'anciens combattants et toutes les classes de la société, unies dans le culte du souvenir*[1]. »

1. *L'Écho de Paris*, 12 novembre 1923.

Le soir, aux alentours de 18 heures, André Maginot, en présence du général Gouraud et de nombreux anciens combattants mais aussi de Gabriel Boissy et Léon Bailby, allume, à l'aide d'un fleuret muni d'une étoupe, la « *Flamme du Souvenir* » réalisant les souhaits de Gabriel Boissy.

« *La Flamme, comme un feu follet, jaillira du sol, elle sera vraiment comme l'âme du Mort resurgente. Elle palpitera, elle veillera. Elle ne ressemblera à aucune des lumières environnantes. Sa palpitation atteindra ce haut résultat de contraindre tous les passants à une seconde de recueillement. Cette seconde les inclinera à un rapide examen de conscience, à ce rappel des vertus nécessaires lorsque le devoir, l'honneur ou la simple nécessité nous appellent*[1]. »

Cette seconde cérémonie de 11 novembre 1923 se déroule en présence d'un public nombreux et recueilli. « *Pour la deuxième fois dans la même journée, il semblait que Paris eût gravi ses Champs-Élysées pour venir se masser autour des quatre piliers. La foule s'était groupée d'elle-même, docilement, dans l'ombre doucement venue : elle se tenait immobile malgré le froid sec qui faisait étinceler plus vivement l'éclairage des avenues autour de la grande place, et attendait les yeux fixés vers la tombe, que tant de gerbes, de palmes, de fleurs accumulées avaient transformée pour un jour en un vaste berceau.*

Les promoteurs de l'idée de la Flamme étaient là, silencieux dans leur émotion [...]. Brève fut la cérémonie, réglée selon l'émouvant et rapide apparat de nos manifestations militaires. M. Maginot arriva à l'heure, salua le général Gouraud, les personnalités présentes [...] et tandis que la musique de la garde jouait **La Marseillaise,** *il s'avança jusque parmi les*

---

1. Marcel Dupont, *op. cit.*

fleurs, devant la veilleuse de bronze faite de glaives ceints de lauriers.

[...] Le ministre saisit un fleuret au bout duquel était fixée une petite torche incandescente et établit le contact. La flamme jaillit, grandit et s'inclina au gré du vent, semblant rythmer la marche funèbre que jouaient maintenant les musiciens ;

C'était tout. Après le "fermez le ban", les troupes se reformèrent pour défiler, et le service d'ordre s'employa à canaliser la foule qui voulait passer sous l'arche, tandis que les premiers veilleurs de la Flamme tentaient d'en régler l'éclat, qui malgré les essais d'hier, ne semble pas encore définitivement discipliné[1]. »

---

1. *L'Écho de Paris,* 12 novembre 1923.

LES SOLDATS INCONNUS DES AUTRES NATIONS

Les funérailles nationales d'un soldat non identifié sont célébrées par quasiment tous les anciens belligérants. De telles tombes deviennent des autels de la nation. À compter du 11 novembre 1920, où ont lieu les deux premières cérémonies, à Paris et à Londres, ce rite devenu international se déroule dans les différentes capitales : en 1921 c'est au tour de Washington et de Rome ; un an plus tard, en 1922, de Prague, de Bruxelles, de Belgrade puis de Varsovie et d'Athènes. Les nouveaux États issus des traités tiennent particulièrement à ce rite en lequel ils voient un ciment fondateur : ils sont nés de et dans la guerre, du sacrifice des leurs. Qu'ils soient vainqueurs ou vaincus, tous ou presque instituent ce culte du Soldat inconnu. Après Sofia en 1923, Bucarest et Vienne rendent hommage à un Soldat inconnu. Deux États font cependant exception à cette contagieuse pratique : l'Allemagne et la Russie. En 1925, le maire de Cologne, Conrad Adenauer, souhaite que soit inhumé un Soldat inconnu allemand sur les bords du Rhin. L'Allemagne, plus exactement la république de Weimar comme on nomme alors ce pays, ne suit pas cette requête.

Quelle aurait été la réelle signification de cette inhumation, même sur la rive du plus grand fleuve européen, bien loin de la capitale allemande ? Quant à la Russie, devenue bolchevique, sa capitale Moscou ne pouvait accueillir un autre tombeau que celui de Lénine. Qui plus est, l'histoire de leur pays avant 1917, teintée d'impérialisme, avait-elle un quelconque intérêt pour les dirigeants communistes. Bien des années après, en l'an 2000, le Canada commémore à son tour « son » Soldat inconnu.

Le Soldat inconnu britannique

En ce 11 novembre 1920, où est rendu à Paris un ultime hommage au soldat français anonyme, les Britanniques célèbrent un tommy non identifié.

La veille, le 10 novembre, le corps avait quitté Boulogne-sur-Mer à bord du contre-torpilleur *Verdun* « *pour rendre hommage à la France* [1] », en direction de Douvres avant d'être acheminé à Londres.

Le lendemain, le 11 novembre donc, encadrée par douze des plus éminents chefs de la marine et de l'armée, cette glorieuse dépouille, déposée sur un affût de canon, était conduite à Whitehall où l'attendait, près d'un cénotaphe drapé des couleurs britanniques, le roi George entouré de ses fils, le prince de Galles et le duc d'York, ainsi que des membres du gouvernement. Après avoir déposé sur le cercueil une couronne de lauriers, le roi entonna une oraison reprise en chœur par la foule.

Après avoir procédé à l'inauguration du cénotaphe de Londres, monument élevé à la gloire des morts britanniques de la Grande Guerre, deux minutes de silence furent observées avant que le

---

1. Édition de *L'Intransigeant* du 6 novembre 1920.

cercueil du Soldat inconnu britannique ne soit acheminé à l'abbaye de Westminster, où un caveau du transept nord avait été préparé pour l'accueillir. Arrivé en ce lieu, « *quatre souveraines, les reines Mary et Alexandra d'Angleterre, la reine d'Espagne et la reine de Norvège [...] les premiers personnages du royaume entouraient le corps de l'humble soldat sans nom devant lequel le roi se tenait debout, incliné, tandis que le doyen de Westminster lisait la suprême prière. Ensuite les porteurs, des hommes des Coldstream Guards, s'avancèrent, enlevèrent le pavillon de l'Union Jack qui servait de drap mortuaire, et le cercueil fut descendu dans la tombe où il reposa sur un sol qui n'avait jamais été remué auparavant, depuis que cette partie de l'abbaye avait été construite. Le roi prit alors, des mains d'un de ses aides de camp, un coffret d'argent contenant de la terre emportée d'un champ de bataille de France et jeta quelques parcelles de cette terre sur le cercueil. Ce fut la fin officielle de la cérémonie. Mais il y eut encore, devant la tombe ouverte, le défilé de la fleur de la chevalerie britannique : cent héros de la Grande Guerre, titulaires de la croix "For Valour", l'ordre le plus élevé, chez nos Alliés, pour honorer le courage des militaires de tous rangs appartenant à l'armée, à la marine, à l'aviation et qui, en deux files, passèrent lentement le long de la tombe en s'inclinant, couronnant par ce dernier hommage leur rôle de garde d'honneur*[1] ».

LE SOLDAT INCONNU ITALIEN

Le Soldat inconnu italien a été désigné à Aquilée parmi onze cercueils contenant un corps anonyme exhumé des grands cimetières du front. La dépouille mortuaire a été acheminée à Rome par la voie

1. In *L'Illustration*.

ferrée. La bière avait été placée sur une plate-forme aménagée en catafalque décorée de fleurs, la locomotive étant ornée à l'avant d'une immense couronne funéraire avec, en son centre, une étoile ardente. Sur le parcours allant d'Aquilée à Rome, le long des voies, s'était massée une foule impressionnante, agenouillée lors du passage du convoi et récitant des prières.

Accueilli à la gare de Rome le 2 novembre 1921, par le roi et le gouvernement, le Soldat inconnu italien a été placé sur l'affût d'un canon puis conduit en l'église Sainte-Marie-des-Anges.

Le lendemain matin, au terme d'une cérémonie religieuse, il était emmené à l'Autel de la patrie, constitué par le monument de Victor-Emmanuel II, au pied du Capitole. Le caveau qui l'a accueilli, creusé au centre même du monument, a été refermé par une dalle où sont uniquement gravés deux mots et deux dates : « *Ignoto Militi – 1915-1918* ».

Le Soldat inconnu belge

Au quatrième anniversaire de l'Armistice, le 11 novembre 1922, la Belgique à son tour honorait son Soldat inconnu.

Quatre corps, non identifiés, exhumés de cimetières des champs de batailles avaient été réunis dans une chapelle ardente aménagée dans le hall de la gare de Bruges. L'honneur de désigner la dépouille de celui qui allait devenir le Soldat inconnu belge est revenu à un aveugle de guerre qui a, pour cela, dû déposer une couronne de laurier sur un des cercueils. La dépouille désignée a ensuite été conduite à la gare du Nord de Bruxelles où elle a été veillée par une garde d'honneur formée de deux officiers, de deux hommes de troupe et de huit mutilés, avant de gagner sa dernière demeure sur l'affût d'un canon de 105 attelé de six chevaux, faisant office de char funèbre.

Le deuil a été conduit par le roi Albert accompagné du prince héritier, suivi des drapeaux de l'armée belge et du groupe des missions militaires alliées parmi lesquelles se trouvaient le maréchal French, généralissime de l'armée britannique lors de la bataille des Flandres en 1914, et le général Degoutte qui a tenu, sous le roi Albert, les fonctions de major général de l'armée belge aux heures décisives de septembre 1918.

Au pied de la colonne du Congrès à Bruxelles, une tombe avait été préparée pour accueillir le Soldat inconnu. Sur la bière de ce dernier, avaient été déposés les ordres réservés aux combattants belges par le roi Albert ainsi que la médaille militaire française par le général Degoutte. Une fois refermée la dalle de bronze sur le cercueil de cet Inconnu, une minute de silence plongeait la foule dans un profond recueillement avant que le roi ne prononce ces quelques mots : « *Ici, au pied de ce monument qui commémore la fondation de notre indépendance nationale [...] reposera désormais le corps d'un héros inconnu, personnification de la défense et du salut de cette indépendance [...]. Nous ne nous préoccupons pas de savoir s'il est bourgeois, ouvrier ou paysan, s'il est flamand ou wallon [...]. Ce témoignage de respect, que dans un élan de reconnaissance la Belgique apporte à ce grand mort, va à tous ceux qui dorment leur dernier sommeil à Liège, à Namur, à Anvers, sur l'Yser, dans les Flandres.* »

En 1929, l'association La Flamme sous l'Arc de Triomphe effectuait un pèlerinage à Laken où repose le Soldat inconnu belge :

« *Les camarades qui s'étaient rendus à Bruxelles n'avaient pas été poussés par le désir de faire un beau voyage ; au nom de tous les combattants français, ils étaient allés s'incliner devant la tombe du Soldat Inconnu de Belgique. Leur geste était un geste de piété, et rien que de piété*[1]. »

LE SOLDAT INCONNU AMÉRICAIN

L'idée d'honorer un soldat américain inconnu, tué sur le sol de France au cours de la Grande Guerre, est à porter au crédit du général de brigade William D. Connor, commandant des forces américaines en France. Il en fit part le 29 octobre 1919 au chef d'état-major de l'armée américaine, le général Peyton C. March, qui désapprouva la proposition, basant sa décision, d'une part, sur les services d'état civil de l'armée américaine qui voulait identifier tous les morts américains et, d'autre part, sur le fait que les États-Unis ne possédaient pas d'emplacement, à l'image de la France et de la Grande-Bretagne, digne d'accueillir le corps d'un soldat. Enfin, un autre point d'explication revêtait une réelle importance : le retour d'un corps d'un soldat inconnu américain ne pouvait s'effectuer sans l'aval du Congrès.

Pendant un an le projet resta en suspens jusqu'au jour où le député Hamilton Fisch Jr., de New York, présenta une résolution visant au retour aux États-Unis des restes d'un soldat inconnu américain mort au combat en France. Le lieu d'inhumation suggéré par le député serait un tombeau construit dans le cimetière militaire national d'Arlington. Le 4 mars 1921, cette mesure, approuvée par le Congrès, se voit accompagnée d'un budget pour l'édification du tombeau. Une date est même arrêtée, le 4 juillet 1921, jour de la fête nationale américaine. Mais le

1. Anonyme, Souvenir du pèlerinage au Soldat inconnu belge, mars et avril 1929, La Flamme sous l'Arc de Triomphe, 1929.

21 février 1921, alors que le projet devait être déposé devant la commission aux Affaires militaires du Sénat, Newton D. Baker, ministre de la Guerre, faisait part à la commission d'une information d'importance révélée par l'état-major de l'armée : il n'y avait pas un cas unique de soldat non identifié mais 1237 ! La date retenue était donc prématurée. De plus, les services de l'état civil de l'armée tentaient par tous les moyens de les identifier, il n'était donc pas question d'honorer un soldat inconnu qui pouvait, par la suite, recouvrer une identité ! La date était alors reportée. Une première fois, puis une deuxième. Finalement la date arrêtée est celle du 11 novembre 1921, une date appropriée pour une telle cérémonie puisqu'elle coïncidait avec le troisième anniversaire de l'Armistice. John J. Weeks qui a succédé à Newton D. Baker au ministère de la Guerre est en charge d'organiser les cérémonies, à savoir :

– En France, l'exhumation, le choix et le transfert du Soldat inconnu aux États-Unis par voie maritime ;

– Aux États-Unis, la réception du corps à Washington, la cérémonie au Capitole et l'inhumation au tombeau d'Arlington.

Le 9 septembre 1921, autorisation et directives étaient communiquées à l'état-major de l'armée pour la « *sélection du Soldat inconnu* » en France, prévue à Châlons-sur-Marne le 24 octobre.

Le 23 octobre, quatre corps non identifiés, exhumés des cimetières de Romagne-sous-Montfaucon, de Thiaucourt, du bois Belleau et de Bony, prenaient, après une préparation mortuaire, la direction de l'hôtel de ville de Châlons. Là, ils furent veillés dans une chapelle ardente par des soldats américains du corps d'occupation de Rhénanie ainsi que par des soldats français. En présence des généraux américains Allen et Rogers, du général Deport commandant le 6e corps français ainsi que de nombreux représentants officiels, militaires et diplomates des deux nations, le sergent Edward Younger, qui avait combattu sur le sol de France pendant la Grande Guerre, déposait sur l'un des quatre cercueils, après en avoir effectué à deux reprises le tour, un bouquet de roses blanches cueillies d'un jardin de Châlons. Après que la sonnerie aux morts eut retenti et que les personnalités eurent rendu un dernier hommage à cet Inconnu, la bière fut transférée dans un cercueil en provenance des États-Unis, gainé de drap noir, portant sur le dessus une plaque en argent où figurait cette inscription : « *An unknown American who gave his life in the world war* [1]. » Le cercueil du Soldat inconnu, recouvert du drapeau américain, fut alors déposé sur un catafalque autour duquel prit place une garde d'honneur composée de douze soldats – six Américains et six Français du 106e R.I. [2] – avant que le public puisse venir rendre hommage au Héros américain. Puis vint le temps de quitter l'hôtel de ville pour prendre la direction de la gare où un train attendait le héros de la nation américaine pour le conduire au Havre. Là, se tint une courte cérémonie sous la présidence du ministre de la Guerre, André Maginot, qui après avoir déposé la croix de la Légion d'honneur sur la bière, prononça ces quelques paroles : « *Frère d'Amérique, on peut te ramener dans la grande patrie d'où tu étais venu ; ta famille française conservera pieusement ton souvenir et la terre de France n'oubliera pas que tu lui as confié ton dernier rêve.* »

Acheminé par voie maritime aux États-Unis, l'Inconnu est transporté le 9 novembre au Capitole de Washington où, durant deux jours, il reposa sur

---

[1]. Ce qui signifie : « Un Américain inconnu qui donna sa vie dans la guerre mondiale. »
[2]. Le régiment de Châlons-sur-Marne.

le catafalque de Lincoln puis, le 11 novembre, il était conduit à sa sépulture définitive, un mausolée de marbre blanc dans le cimetière national d'Arlington, Panthéon militaire des États-Unis. Le président américain Harding, les membres du gouvernement, de la Cour suprême, du Parlement, le général Pershing et l'ancien président des États-Unis Wilson ont, par leur présence, rendu un ultime hommage au Soldat inconnu américain.

Le Soldat inconnu canadien

Le 23 mai 2000, un avion des Forces canadiennes se rend en France afin de rapatrier les restes du Soldat inconnu canadien vers sa terre natale, le Canada. Le soldat a été choisi parmi les seize mille sépultures ornées de La feuille d'érable près du célèbre champ de bataille de Vimy. En avril 1917, trois mille sept cents Canadiens sont morts et sept mille autres ont été blessés en prenant cette crête tenue par l'ennemi. En leur mémoire et en souvenir des morts canadiens pendant les guerres, le Canada a donc décidé de procéder au rapatriement de la dépouille de ce Héros.

Deux jours plus tard, le 25 mai, au cours d'une cérémonie qui se tient au monument commémoratif du Canada à Vimy (Pas-de-Calais), la Commonwealth War Graves Commission remet le corps au Canada. Celui-ci est acheminé à Ottawa où, à son arrivée, la bière contenant les restes du Soldat inconnu est transportée jusqu'aux édifices du Parlement où elle est placée dans le hall d'honneur. La dépouille est exposée dans une chapelle ardente pendant trois jours afin de permettre aux Canadiens de lui rendre hommage.

Puis le 28 mai après-midi, le cercueil du Soldat inconnu est placé sur un affût de canon hippomobile fourni par la gendarmerie royale du Canada et transporté jusqu'au Monument commémoratif de guerre du Canada, sa dernière demeure où un éloge funèbre est prononcé par la gouverneure générale du Canada :

« *La guerre est aussi vieille que l'histoire. Il y a plus de deux mille ans, Hérodote écrivait : "En temps de paix, les fils enterrent leurs pères ; en temps de guerre, les pères enterrent leurs fils."*

Aujourd'hui, tous ensemble réunis, nous ne faisons qu'un, afin d'ensevelir le fils de quelqu'un. La seule certitude que nous ayons à son sujet, c'est qu'il était jeune. Si la mort est une dette que nous devons tous payer, ce fils l'a payée avant même de l'encourir.

Nous ignorons de qui il était le fils. Nous ignorons son nom. Nous ne savons pas si c'était un MacPherson ou un Chartrand. Il aurait pu s'appeler Kaminski ou Swiftarrow. Nous ne savons pas s'il était père lui-même. Nous ne savons pas si sa mère ou son épouse reçut le télégramme portant ces mots marqués sur un bout de papier anonyme mais avec une clarté électrisante : "Disparu au combat". Nous ne savons pas s'il avait vraiment commencé à vivre sa propre vie, comme chauffeur de camion, scientifique, mineur, enseignant, fermier ou étudiant. Nous ne savons pas d'où il était.

Était-il des Prairies dont les courbes vallonnées et sinueuses nous rappellent une certaine forme d'éternité ?

Était-il quelqu'un qui aimait nos lacs et qui les sillonnait de son canot ?

Était-il quelqu'un qui contemplait les baleines à l'embouchure du Saguenay ?

Était-il quelqu'un à faire des randonnées dans les Rocheuses ou de la voile sur l'Atlantique ou dans les îles de la région du Golfe ?

Avait-il les yeux bruns ?

Savait-il ce que c'est que d'aimer et d'être aimé en retour ?

Était-ce un père qui n'avait pas encore vu son enfant ?

Aimait-il le hockey ? Était-il défenseur ?

Jouait-il au football ? Pouvait-il marquer des points ?

Aimait-il réparer ses voitures ? Rêvait-il de posséder une Buick ?

Lisait-il la poésie ?

Était-il bagarreur ?

Avait-il des taches de rousseur ?

Croyait-il que personne ne le comprenait ?

Désirait-il simplement sortir et s'amuser avec les copains ?

Nous ne le saurons jamais.

Mais nous venons aujourd'hui lui rendre honneur comme à quelqu'un qui aurait pu être cela et qui maintenant n'est plus. Nous qui sommes restés nous nous demandons toutes sortes de questions auxquelles lui seul pourrait répondre. Et par le geste que nous posons aujourd'hui, nous admettons de façon terriblement irrévocable que nous ne connaîtrons jamais ces réponses.

Nous ne pouvons pas le connaître. Et quelque hommage que nous lui rendions ne pourra jamais lui rendre le futur qui lui fut enlevé quand il fut tué. Toute vie qu'il aurait pu mener, tout choix qu'il aurait pu faire, tout fut pour rien. Il est mort. Nous honorons une chose si difficile à accepter – que quelqu'un meurt en faisant son devoir. La fin de tout futur, la mort de ses rêves.

Nous sommes pourtant redevables à ceux qui étaient disposés à se sacrifier et qui ont donné leur jeunesse et leur futur pour que nous puissions vivre en paix. Leur vie fut la rançon qu'ils payèrent pour que nous, nous vivions.

Nous avons un grand nombre de témoins au Canada pour nous décrire l'innommable horreur et l'effroyable tourmente que la guerre apporte. Ce que fut la Première Guerre mondiale a été décrit dans notre poésie, nos romans et nos tableaux. Certains de nos plus grands artistes sortirent de ce conflit capables de créer de la beauté à partir de l'enfer qu'ils avaient vu. F.-H. Valey, membre éminent du Groupe des Sept, était l'un de ces artistes. Écrivant en 1918, il dit :

"Vous au Canada... ne pouvez aucunement réaliser ce qu'est la guerre. Il faut la voir et la vivre. Vous devez voir les déserts stériles qu'elle a faits d'un pays auparavant fertile... voir les tombes renversées, voir les morts dans les champs, mutilés de façon grotesque – sans tête, sans jambe, sans estomac, un corps parfait et un visage passif et un crâne brisé, vide – voir vos propres compatriotes, non identifiés, lancés dans une charrette, à peine recouverts de leurs manteaux, des garçons creusant une tombe dans un terrain de boue jaunâtre et visqueuse et de flaques d'eau verdâtre sous un ciel en larmes. Vous devez avoir entendu des obus stridents et voir tomber leurs éclats autour de vous, sifflant près de vous – vous devez en avoir vu les résultats, avoir vu des dizaines et des dizaines de chevaux, déchiquetés, gisant à découvert – dans la rue, et des soldats qui marchent à travers ces scènes ne voyant plus rien de tout cela. Jusqu'à ce que vous ayez vécu cela... vous ne pouvez savoir."

C'est une chose terrifiante pour nous, êtres humains, de penser que nous pouvons mourir sans que personne ne le sache et ne puisse inscrire sur une pierre tombale d'où nous venions, quand nous sommes nés et quand nous sommes précisément morts. En rendant hommage aujourd'hui à ce soldat inconnu, par cette cérémonie funéraire et cet enterrement, nous acceptons de vivre avec le fait même de l'anonymat et disons que, parce que nous ne le connaissons pas et ne savons pas ce qu'il aurait pu devenir, il est devenu plus qu'une dépouille, plus qu'une tombe. Il s'est transformé en idéal, en symbole de tout sacrifice. Il est tous les soldats de toutes nos guerres.

Nos vétérans, qui sont avec nous aujourd'hui, savent ce que c'est que d'avoir été au combat et d'avoir vu leurs amis fauchés dans leur jeunesse. Voilà pourquoi le souvenir est si nécessaire et cependant si pénible. Il est nécessaire parce que l'on n'oublie jamais la douleur.

Et le sentiment de la perte, ce que la famille de ce soldat a dû ressentir, est exprimé par Jacques Brault, le poète québécois qui perdit son frère en Sicile au cours de la Deuxième Guerre et qui écrivit le poème Suite fraternelle.

"Je me souviens de toi, Gilles, mon frère oublié dans la terre de Sicile...

Maintenant je sais que tu es mort avec une petite bête froide dans la gorge avec une sale peur aux tripes, j'entends toujours tes vingt ans qui plient dans les herbes crissantes de juillet...

Je n'ai qu'un nom à la bouche et c'est ton nom Gilles

Tu n'es pas mort en vain Gilles et tu persistes en nos saisons remueuses

Et aussi nous persistons comme le rire des vagues au fond de chaque anse pleureuse...

Il fait lumière dans ta mort Gilles il fait lumière dans ma fraternelle souvenance...

L'herbe pousse sur ta tombe Gilles et le sable remue

Et la mer n'est pas loin qui répond au ressac de ta mort

Tu vis en nous et plus sûrement qu'en moi seul

Là où tu es nous serons tu nous ouvres le chemin."

Quand on entend un nom comme Sicile, c'est un écho de tous les pays lointains où sont morts nos *jeunes gens. Quand on parle de la Normandie, de Vimy, de Hong Kong, nous savons que notre engagement fatal en terres étrangères, paradoxalement, a fait notre pays et l'avenir de notre société. Ces jeunes gens et soldats ont racheté l'avenir pour nous. Et pour ça, ils se sont mérité notre gratitude éternelle.*

Quels que soient les rêves que nous ayons, ils étaient partagés dans une certaine mesure par cet homme dont nous ignorons seulement le nom mais que tous les Canadiens reconnaissent, dans leur cœur, et par toutes les vertus que nous respectons – le dévouement, l'honneur, le courage et l'engagement.

Nous pouvons maintenant comprendre ce qui a été écrit, en 1916, par le major Talbot Papineau, petit-fils de Louis-Joseph Papineau, qui fut tué deux ans plus tard : "Leur sacrifice sera-t-il vain ou ne cimentera-t-il pas les fondations d'une vraie nation canadienne, une nation canadienne indépendante de pensée, indépendante d'action, indépendante même dans son organisation politique – mais unie en esprit, partageant les mêmes buts humanitaires et hautes visées internationales."

Au XXe siècle, ce n'est pas dans un but d'unité nationale que les Canadiens ont combattu dans les guerres, cependant le pays qui en est ressorti avait été façonné dans la forge de sacrifice. Nous ne l'oublierons pas.

Ce soldat inconnu n'a pas été capable de vivre les longues années qui auraient dû être siennes pour continuer à contribuer à son pays. Mais en se donnant entièrement à son devoir, à son engagement, à son amour et à son honneur, il est devenu une partie de nous pour toujours. Et nous, nous sommes aussi une partie de lui[1]. »

1. Texte d'allocution de la gouverneure générale du Canada, Son Excellence Adrienne Clarkson, commandante en chef des Forces canadiennes (source : www.gg.ca) reproduit après demande d'autorisation.

Depuis, la tombe du Soldat inconnu est devenue le site de toutes les cérémonies commémoratives qui se tiennent en cet endroit.

LES AUTRES SOLDATS INCONNUS

En 1921, le 2 novembre, l'Italie désigne son Soldat inconnu parmi dix corps anonymes exhumés du front italien. Un train spécial conduit ensuite la dépouille en direction de Rome où elle est accueillie par le roi Victor-Emmanuel. Après une commémoration longue de deux jours et un office religieux, la dépouille est inhumée le 4 novembre, jour anniversaire de la capitulation autrichienne au Capitole, à Rome.

La même année, en 1921, plus précisément le 9 avril, se déroule l'inhumation du Soldat inconnu portugais.

Deux ans plus tard, en 1923, au mois de mai, le Soldat inconnu roumain est désigné.

EN CONCLUSION
LE 11 NOVEMBRE

« La mémoire est l'avenir du passé. »
Paul Valéry

Le 11 Novembre est une des grandes dates de commémoration française. Ce jour de mémoire est également celui de la mémoire d'un jour, le 11 novembre 1918. Un jour de bonheur, de gloire qui n'a pu faire oublier aux combattants, de retour à la vie civile, le tragique de la Grande Guerre et le message dont ils sont les dépositaires. En effet, il est alors crucial que le sacrifice de ces hommes consenti durant ces quatre longues années de guerre perdurent dans la mémoire collective.

Le premier anniversaire avait pourtant été une journée d'hommage pour le moins discret. Pas de faste ni d'apparat. Cette année 1919 avait été marquée, il convient de le souligner, par deux journées qui avaient frappé les esprits. Tout d'abord le 14 Juillet, ce jour de fête nationale, fut l'occasion d'une fête de la Victoire, grandiose, célébrée avec solennité et ostentation. Hommage y fut rendu aux combattants. Aux vivants. Les mutilés de la Grande

Guerre avaient ouvert le gigantesque défilé des armées alliées à Paris, lesquelles passaient pour la toute dernière fois sous l'Arc de Triomphe devant une foule incommensurable. Aux morts. Un cénotaphe en plâtre, commandé par Clemenceau, fut édifié sous l'Arc de Triomphe. Pendant la nuit du 13 au 14 juillet, le « peuple » vint rendre un ultime hommage devant cette tombe symbolique à ceux qui avaient donné leur vie pour la France.

Le 2 novembre fut la deuxième journée de commémoration importante de cette année 1919. Le Parlement avait souhaité qu'un hommage soit rendu aux morts dans toutes les communes de France, le même jour, à la même heure. La date du 2 novembre, jour des défunts, était toute trouvée et se prêtait tout à fait à cette marque de respect. Cette journée ne fut pas à proprement parler marquée par des cérémonies officielles, mais par des recueillements individuels de mères, veuves, orphelins dans les cimetières militaires du front.

1920 fut une année importante pour la République qui marquait le cinquantième anniversaire du régime de l'État. Y fut donc associé l'hommage au Soldat inconnu mort pendant la Grande Guerre, représentant anonyme de ces frères de combat morts pour la France.

Reste que cette date du 11 Novembre, si importante, si symbolique soit-elle, ne figurait pas encore comme une fête nationale. Ce sont les anciens combattants qui ont pesé de tout leur poids pour l'imposer comme telle et faire en sorte que le Parlement déclare cette date du 11 Novembre, fête nationale, par le biais d'une loi votée en octobre 1922. Un an après (11 novembre 1923), le ministre des Pensions, André Maginot, en présence de nombreuses associations d'anciens combattants, allumait une flamme du souvenir symbolisant la tombe du Soldat inconnu. Ce même mois de novembre 1923, l'Union d'associations

« La Flamme sous l'Arc de Triomphe », ou comité « La Flamme », était créée[1]. Son but était et demeure de raviver la flamme chaque jour au crépuscule et d'entretenir la mémoire du Soldat inconnu et à travers lui celle de tous les combattants, français et alliés, tombés au champ d'honneur.

Il aura fallu quatre ans pour que naisse un cérémonial annuel qui aujourd'hui est une véritable tradition.

Cette date du 11 Novembre entre alors dans le calendrier et revêt ensuite une autre signification. C'est en effet à cette date et en ce lieu de l'Arc de Triomphe que le 11 novembre 1940, à l'appel d'étudiants et de lycéens, et en dépit de l'interdiction de l'occupant allemand, une grande manifestation réunissant 3 à 5 000 personnes a eu lieu. On dénombra de nombreux blessés, plusieurs centaines d'arrestations. Mais pour la première fois, depuis juin 1940, des Français s'opposaient aux forces d'occupation allemandes. Cet acte eut un énorme retentissement. Son importance fut soulignée par Radio Londres, et la date et le lieu devenaient un symbole pour la résistance française.

Dès lors comment le 11 Novembre ne pouvait-il pas devenir, au-delà d'un jour de commémoration de l'Armistice, une date d'importance pour la mémoire ? Car désormais, outre l'hommage rendu aux combattants de la Grande Guerre, comment ne pas y associer ces jeunes, étudiants et lycéens qui ont défié l'occupant, ainsi que les résistants et combattants de l'armée française qui ont participé à la libération du territoire national. Le Soldat inconnu, au fil des années, est devenu, plus que le symbole des « poilus » de la Grande Guerre, celui des combattants morts pour la France.

---

1. Elle ne sera reconnue d'utilité publique qu'en 1949 seulement, plus précisément le 10 novembre.

BIBLIOGRAPHIE

Audoin-Rouzeau (Stéphane) et Becker (Jean-Jacques), *Encyclopédie de la Grande Guerre 1914-1918*, Éd. Bayard, 2004.
Cendrars (Blaise), *J'ai tué*, in *À l'aventure*, Denoël, 1958.
Villanneau (Firmin), *Des actes relatifs aux décès des militaires en campagne. Appréciation sur le fonctionnement du service de l'état civil à l'avant, en temps de guerre*, Imprimerie de l'Est, 1927.
Capdevila (Luc), Voldman (Danièle), *Nos morts. Les sociétés occidentales face aux tués de la guerre*, Éd. Payot, 2002.
Cazals (Rémy) et Offenstadt (Nicolas) (présentation et notes de), « *Si je reviens comme je l'espère.* » *Lettres du front et de l'arrière, 1914-1918*, Éd. Perrin, coll. Tempus, 2005.
Clemenceau (Georges), *Grandeurs et misères d'une victoire*, Plon, 1930.
Dremeau (Michel), *Le Soldat inconnu et la Flamme sacrée sous l'Arc de Triomphe*, La Charte, 2003.
Dupont (Marcel), *L'Arc de triomphe de l'Étoile et le Soldat inconnu*, Les Éditions françaises, 1958.
Dorgelès (Roland), *Bleu horizon*, Albin Michel, 1949.
Fonck (Gérard), *Le Soldat inconnu, les démarches*, autoédition, 2004.
Jagielski (Jean-François), *Le Soldat inconnu. Invention et postérité d'un symbole*, Éd. Imago, 2005.
Larguier (Léo), *Le Soldat inconnu*, librairie Plon, 1939.

Pourcher (Yves), *Les jours de guerre. La vie des Français au jour le jour entre 1914 et 1918*, Éd. Plon, 1994, réédition Hachette Pluriel.
Vilain (Charles), *Le Soldat inconnu, histoire et culte*, Maurice d'Hartoy, 1933.
Weygand (général), *Comment fut choisi le Soldat inconnu*, in *Historia* n° 288 du 26 novembre 1970.

Sources et documents

Ministère de la Guerre, *Instruction pratique du 2 juin 1916 concernant la constatation aux armées des évacuations, disparitions, décès et inhumations*, Paris, Imprimerie nationale, 1916.
SHAT 18N189.
Note du 25 septembre 1916 de l'état-major général, direction de l'arrière (référence n° 9.134/DA.), signée (P.O.) de l'aide-major général Ragueneau. Et destinée aux groupes d'armées, armées, D.E.S., I.G.S.
La Lettre du Chemin des Dames, Bulletin d'information édité par le conseil général de l'Aisne (octobre 2003, n° 3)
Magazine *TAM Terre Air Mer* du 26 novembre 1981.

Articles de presse de l'époque

L'Intransigeant, 25 octobre 1920, 31 octobre 1920, 1er novembre 1920, 2 novembre 1920, 3 novembre 1920, 7 novembre 1920, 8 novembre 1920, 9 novembre 1920, 10 novembre 1920, 11 novembre 1920, 12 novembre 1920, 19 mars 1921, 12 novembre 1921, 14 novembre 1921, 13 octobre 1923.
Le Journal, 26 octobre 1920.
L'Action française, 28 octobre 1920, 3 novembre 1920, 3 novembre 1920, 4 novembre 1920, 5 novembre 1920, 8 novembre 1920, 9 novembre 1920, 10 novembre 1920, 11 novembre 1920, 12 novembre 1920, 13 novembre 1920.
Le Temps, 20 octobre 1920, 29 octobre 1920.
Le Matin, 4 novembre 1920.

L'Humanité, 4 novembre 1920, 5 novembre 1920, 9 novembre 1920, 11 novembre 1920, 12 novembre 1920.
L'Écho de Paris, 6 novembre 1920, 7 novembre 1920, 11 novembre 1923, 12 novembre 1923.
L'Œuvre, 11 novembre 1920, 12 novembre 1920.
L'Illustration, 20 novembre 1920, 10 novembre 1923.

JOURNAL OFFICIEL

Séance du 19 novembre 1918, annexe n° 5240.
Séance du 29 novembre 1918.
Séance du 12 décembre 1918.
Séance du 12 septembre 1919.
Séance du 8 novembre 1920, annexe n° 1541.

REMERCIEMENTS

L'auteur tient à remercier Emmanuelle Papot pour sa contribution active à ce livre. Son travail de recherches dans les archives de différents services a été très précieux.

Mes remerciements les plus sincères lui sont ainsi adressés.

CET OUVRAGE
A ÉTÉ TRANSCODÉ
ET ACHEVÉ D'IMPRIMER
SUR ROTO-PAGE
PAR L'IMPRIMERIE FLOCH À MAYENNE
EN AVRIL 2008

I.S.B.N. 978-2-7373-4520-3.
N° d'édition : 5700-01-03-04-08.
N° d'impression : 70735.
Dépôt légal : avril 2008.
Imprimé en France.